CALMANN LÉVY, ÉDITEUR
ANCIENNE MAISON MICHEL LÉVY FRÈRES
RUE AUBER, 3, ET BOULEVARD DES ITALIENS, 15
A LA LIBRAIRIE NOUVELLE

PRIX : 50 CENTIMES — PRIX : 50 CENTIMES

# BELLEROSE

DRAME EN CINQ ACTES, HUIT TABLEAUX

PAR

AMÉDÉE ACHARD, PAUL FÉVAL & HIPPOLYTE HOSTEIN

REPRÉSENTÉ POUR LA PREMIÈRE FOIS, A PARIS, SUR LE THÉATRE DE L'AMBIGU-COMIQUE
LE 6 JANVIER 1876

## DISTRIBUTION DE LA PIÈCE

BELLEROSE ........ MM. PAUL DESHAYES.
LE DUC DE CHATEAUFORT ........ CHARLY.
D'ASSONVILLE ........ GERBER.
DE CHARNY ........ BOEJAT.
DE NANCRAIS ........ LUCIEN DIDIER.
GRINEDAL ........ ARONDEL.
LA DÉROUTE ........ PERICAUD.
GRIPPART ........ COURTÈS.
BOULETORD ........ LIBERT.
MÉRISET ........ TONY SEIGLET.
PIERRE ........ AIMÉ PERROT.
LE PÈRE LAMENOTTE ........ MM. WILLIAMS.
LOUIS XIV ........ HODIN.
LE MARÉCHAL ........ JEGU.
JOLICŒUR ........ ANDRIEUX.
MUGUET ........ TORREP.
LA DUCHESSE ........ Mmes MARIE GRANDET.
SUZANNE ........ CLÉMENTINE SCHMIDT.
CAMILLE ........ VERTEUIL.
CLAUDINE ........ RAYNARD.
DAME ÉTIENNETTE ........ BOEJAT.
GASTON ........ Le petit JAUNIAU.

# ACTE PREMIER

## PREMIER TABLEAU

Un boudoir. Candélabres allumés.

### SCÈNE PREMIÈRE

CAMILLE, habillée en page, puis BELLEROSE.

CAMILLE, entrant de gauche, premier plan. Entrez, entrez... monsieur le militaire.

BELLEROSE, entrant. Nous sommes arrivés?

Il prend le milieu de la scène *.

CAMILLE. Oui.

BELLEROSE. C'est bien heureux!

CAMILLE. Le voyage vous aurait-il paru long en ma compagnie, monsieur... (Cherchant.) monsieur?...

BELLEROSE. Bellerose, pour vous servir.

CAMILLE. Bellerose! Ce nom...

BELLEROSE. C'est celui que mon capitaine m'a donné.

CAMILLE. Comment, votre capitaine vous a donné un nom? C'est donc que vous n'en aviez pas?

BELLEROSE. Si vraiment. Je m'appelle Jacques Grinedal.

CAMILLE, répétant. Jacques Grinedal?

BELLEROSE. Nom de bourgeois, m'a dit le capitaine. Il n'en faut pas au régiment!! Tu t'appelleras... et il se mit à chercher en me regardant.

CAMILLE. Que c'est drôle! le capitaine qui débaptise ses hommes!

BELLEROSE. Avec ça qu'il se gêne!... Après m'avoir bien regardé, je tiens ton nom, m'a-t-il dit, il est écrit sur ton visage... tu t'appelleras Bellerose.

CAMILLE. C'est joli!...

BELLEROSE. Moins que toi, ma mignonne, car je suppose...

CAMILLE. Bas les mains ou sinon... Elle tire son poignard.

BELLEROSE. Quel joujou! Beau page, tu me fais rire!

CAMILLE. Si je voulais, je pourrais vous faire peur...

BELLEROSE, prenant son sérieux. Peur, à moi, Bellerose, canonnier dans la compagnie de Nancrais, Royal-Artillerie, tu n'y penses pas.

CAMILLE, riant. Ah! ah! nous nous fâchons... Voyons, beau militaire, rentrons chacun dans notre rôle... et restons bons amis.

BELLEROSE. Un rôle! Du diable si je sais quel est le mien.

CAMILLE. Cependant vous m'avez accompagné jusqu'ici!...

BELLEROSE. Je vous ai suivi, beau page, parce que j'avais reçu un ordre.

CAMILLE. Quel ordre?

BELLEROSE. Ah! cette question? mais, cher ami ou chère amie, vous devez en savoir sur ce point infiniment plus long que moi, puisque c'est vous qui êtes venu me chercher... et que... enfin vous connaissez l'histoire... et si par hasard vous ne la connaissez pas, ce n'est pas à moi de vous l'apprendre...

### SCÈNE II

LES MÊMES, UNE DAME MASQUÉE.

LA DAME, entrant, porte fond droite **. Cette histoire, je vais vous la dire, sergent Bellerose.

BELLEROSE. Sergent. Excusez, ce n'est pas encore mon grade.

LA DAME. Ce le sera demain.

BELLEROSE, à part. Oh! oh! continuation du mystère! attention!

LA DAME. Vous avez pour protecteur dans l'armée, le frère de monsieur de Nancrais, votre capitaine; ce protecteur s'appelle monsieur Raoul d'Assonville.

BELLEROSE. En effet, monsieur de Nancrais est mon commandant... et son frère, du côté de sa mère, monsieur d'Assonville, qui sert aussi le roi, mais dans les chevau-légers, a de tout temps été mon protecteur.

LA DAME. Il y a huit jours, il est venu à Laon où vous teniez garnison. Vous prenant à l'écart, il vous a dit : Bellerose, voici trois lettres : tu les porteras à Paris. J'ai obtenu pour toi une permission. Le soir de ton arrivée, tu te rendras dans la rue Cassette, au coin de la rue de Vaugirard. Tu auras sur toi la plus petite des trois lettres. Tu frapperas à une porte-basse donnant sur une cour plantée d'arbres... Une maison vieille et de chétive apparence est sur le côté. Au troisième coup on t'ouvrira, tu tireras ta lettre et tu prieras la personne qui viendra, de la remettre à mademoiselle Camille!

BELLEROSE. C'est ça, mais c'est que ça y est?..

LA DAME. Monsieur d'Assonville a ajouté : L'individu quel qu'il soit qui t'aura parlé prendra la lettre, et tu te retireras après avoir eu soin d'écrire ton nom et ta demeure sur l'enveloppe.

BELLEROSE. Je l'ai fait.

LA DAME. Monsieur d'Assonville a encore ajouté : Si, après trois jours, tu n'as pas reçu de réponse, tu retourneras à la maison de la rue Cassette et tu remettras à la même personne une seconde lettre plus grande que la première. Tu attendras trois jours encore, et alors si tu n'as vu ni valet ni billet, tu prendras la dernière lettre et tu la porteras comme les deux autres. Cette fois on viendra certainement.

BELLEROSE. Et on est venu... Comment savez-vous? madame... à moins que vous ne soyez le diable en personne.

LA DAME, l'arrêtant du geste. Vous avez demandé à quoi vous pourriez reconnaître l'envoyé qu'il faudrait suivre, et monsieur d'Assonville a répondu : à ceci qu'il te dira en t'abordant: *La Castillane attend.*

BELLEROSE. La Castillane attend! C'est ça, c'est bien ça. — Même que c'est ce petit jeune homme (Il désigne Camille.) qui m'a adressé ces paroles-là, un soir, à la porte Gaillon où j'attendais. — Alors je l'ai suivi. — Il a marché pendant quelques minutes; puis il s'est mis à siffler avec le petit sifflet attaché à son cou par une chaîne d'argent. — A ce signal, un grand carrosse arrive subito devant moi, on me fait monter, la voiture se referme; elle roule, elle roule tant et tant, que j'en avais la tête remplie de bourdonnements et les yeux pleins de vertige. Enfin le carrosse s'arrête devant une maison au milieu d'un bois. On me fait entrer. — C'était noir comme dans un four. — Je monte des escaliers. Enfin une porte s'ouvre. Je me trouve dans une chambre bien éclairée, celle-ci... — Le petit page me questionne et me lutine. — Ah! il m'a lutiné! et puis tout à coup je vois une belle dame masquée, car vous devez être très-belle... qui me fait sergent... Maintenant, madame, sans vous commander, donnez-moi vite la réponse à la lettre que j'ai remise rue Cassette. — Cette réponse, je la rapporterai fidèlement à monsieur d'Assonville, et pour le reste ni vu ni connu... esclave de la consigne! voilà!

Il se met au port d'armes. — La dame renvoie Camille après lui avoir parlé bas.

### SCÈNE III

LA DAME, BELLEROSE.

La dame s'assied et fait signe à Bellerose d'approcher.

BELLEROSE, à part *. J'aimerais bien la voir sans son masque... Oui, elle doit être belle, cette femme-là.

LA DAME. Sergent Bellerose?

BELLEROSE. Sergent... non... pardon, madame...

LA DAME. Connaissez-vous monsieur d'Assonville depuis longtemps?

BELLEROSE. Ah! dame! depuis mon enfance. Mon père était le serviteur du sien.

LA DAME. Son serviteur! vous êtes donc de ses gens?

BELLEROSE. Je suis soldat... c'est-à-dire sergent à ce qu'il vous a plu de dire tout à l'heure, et monsieur d'Assonville m'a parfois fait l'honneur de m'appeler son ami.

LA DAME, négligemment. Ah! ne savez-vous rien des causes qui ont engagé monsieur d'Assonville à vous envoyer vers moi?

BELLEROSE. Rien, madame.

LA DAME. Qui peut m'en assurer?

BELLEROSE, piqué. Ma parole.

LA DAME, jouant de l'éventail. Votre... parole?...

BELLEROSE. Dieu me pardonne, vous doutez? Madame ceux qui croient au mensonge pratiquent le mensonge.

LA DAME, à part, l'examinant. Bien! bien! (Elle va s'asseoir à gauche de la table qui est à droite.) — (Haut.) Monsieur Bellerose, je vais vous écrire une lettre pour monsieur d'Assonville. — En attendant, veuillez accepter quelques rafraîchissements. Vous devez en avoir besoin après la course un peu longue que l'on vous a fait faire.

* Camille, Bellerose.

** Camille, Bellerose, la Duchesse.

* Bellerose, la Duchesse.

BELLEROSE, Madame... vous êtes bien bonne... mais ça n'est pas de refus. La vérité est que le voyage m'a creusé *.

Camille fait apporter une table servie ; il s'en approche.

CAMILLE, voyant que Bellerose s'est arrêté tout à coup. Eh bien! buvez, mangez, qu'est-ce qui vous prend?

BELLEROSE. Rien! c'est que...

CAMILLE. Quoi?

BELLEROSE, regardant les cloches du service de table. Voyez-vous... s'il y avait quelque chose là-dessous... il vaudrait mieux me le dire...

CAMILLE, levant une cloche. Quelque chose?.. là-dessous... Eh bien, là-dessous... il y a des perdreaux.

BELLEROSE. Des perdreaux, je vois bien... et même de jolis perdreaux... mais parfois c'est dangereux ces oiseaux-là... On ne sait pas... je n'entends pas en dire du mal... ils sont très-appétissants, mais enfin si cela contenait des machines... des bêtises pour endormir, ou même pour causer des accidents plus graves! dame! vous êtes tout mystère ici!

CAMILLE, riant. Ah! ah! je vais dire à madame...

BELLEROSE. Veux-tu bien?...

CAMILLE, riant plus fort. Ah! ah! l'intrépide Bellerose qui a peur d'un perdreau!

BELLEROSE. Peur! voilà deux fois que tu articules ce mot honteux, monsieur ou mademoiselle. Ah! j'ai peur, eh bien, puisque c'est comme ça, mille millions de gargousses, tu vas voir. (Il se jette avidement sur la nourriture et sur la bouteille.) Ah! j'ai peur! (Mangeant et parlant la bouche pleine.) Regarde comme j'ai peur... (Buvant.) Tiens... tiens... j'en crèverai peut-être... mais ça ne sera pas de peur!

LA DAME, s'arrêtant avant de fermer sa lettre. Puisque le malheureux enfant a cessé de vivre, monsieur d'Assonville devrait comprendre que tout lien est rompu entre nous... Non, décidément je ne veux plus le revoir.

Elle se remet à écrire fiévreusement.

CAMILLE, à Bellerose qui a dévoré. Comment vous trouvez-vous?

BELLEROSE. Pour le moment je me trouve bien... bien...

CAMILLE, riant. Bonne digestion, sergent.

La duchesse fait des signes, Camille s'en aperçoit, et elle prévient Bellerose.

BELLEROSE. Ainsi soit-il!.. (Il se lève.) Ah! la dame me fait des signes. Il s'approche.

LA DAME, le regarde, et au moment où elle se disposait à lui donner la lettre, elle la laisse retomber et lui dit. Asseyez-vous!..

BELLEROSE. Que je... (S'asseyant.) Voilà, madame.

Il s'assied à droite de la table **.

LA DAME. Parlons de vous.

BELLEROSE. De moi?

LA DAME. Oui.

BELLEROSE. Madame, je suis à vos ordres.

LA DAME. Vous avez votre père?

BELLEROSE. Oui, madame. Dieu nous l'a laissé après avoir pris notre mère.

LA DAME. Etes-vous fils unique?

BELLEROSE. Non, madame, j'ai une sœur... elle s'appelle Claudine... une gentille enfant! et bonne, et raisonnable toute jeune qu'elle est.

LA DAME. Son âge?

BELLEROSE. Seize ans...

LA DAME. Que fait votre père?

BELLEROSE. Pauvre vieux!... il ne fait plus rien... il se repose.

LA DAME. Maintenant, mais avant?

BELLEROSE. Dans son temps, il était le meilleur fauconnier de l'Artois. Nous sommes des environs de Saint-Omer. Le seigneur d'Assonville notre maître, le père de monsieur Raoul qui m'envoie, avait été ruiné par les guerres, vous savez, durant la régence de la reine. Il s'arrête.

LA DAME. Continuez...

BELLEROSE. Notre maître avait été forcé de vendre ses terres; mais avant de quitter le pays, voulant récompenser la fidélité de son vieux Grinedal, qui est donc mon père, il lui avait fait présent de la maisonnette où nous sommes nés Claudine et moi... mais je cause, je cause... Pardonnez, madame... voyez-vous, il ne faut pas me mettre sur le chapitre de ma pauvre chère famille, parce qu'alors je m'attendris, mon cœur déborde, et je ne sais plus m'arrêter.

LA DAME, se lève, se détourne un peu, se démasque et s'essuie les yeux. Il m'a émue!.. (Avec impatience.) Ah!

Elle va s'appuyer sur la cheminée.

* Camille, Bellerose, la Duchesse.

** Bellerose, la Duchesse.

BELLEROSE, il s'est levé et s'approche de la Duchesse. Elle s'est démasquée... si je pouvais... Il cherche à la voir.

LA DAME, se cachant la figure avec son mouchoir. C'est mal ce que vous faites là.

BELLEROSE. Ma foi oui, c'est mal. Je vous en fais bien mes excuses et je jure que je ne recommencerai pas. Masquez-vous, ou ne vous masquez pas, je veux que l'Espagnol me brûle si je hasarde le plus petit coup d'œil.

LA DAME, après s'être masquée de nouveau, et se remettant à sa place à table. Pourquoi avez-vous renoncé à ce bonheur de vivre avec votre père et avec votre sœur... Claudine... pour devenir soldat?

BELLEROSE, triste. Ah! voilà.

LA DAME. Parlez.

BELLEROSE, brusquement. C'est un secret.

LA DAME. Je n'insiste pas. Plus que personne je comprends et je pratique la religion du secret. (Reprenant la lettre de monsieur d'Assonville.) Prenez ceci...

BELLEROSE, distrait. Oui, madame...

LA DAME. Vous expliquerez à monsieur d'Assonville.

BELLEROSE. Oui, madame... ah! je n'y peux plus tenir. Je ne vous connais pas et cependant il me semble que cela me soulagerait de tout vous dire...

LA DAME. Ne vous repentirez-vous pas d'avoir été trop confiant?

BELLEROSE. Me repentir! moi! Et de quoi donc au fait? de ce que j'ai aimé Suzanne... de ce que je l'aime encore malgré sa trahison... Eh! bien, qu'est-ce qui peut m'empêcher de l'avouer, de le crier si ça me plaît?

LA DAME, à part. Pauvre garçon! (Haut.) Ainsi Suzanne?..

BELLEROSE. Vous avez dit son nom. Voyez-vous! vous la connaissez! Ça ne m'étonne pas! vous savez tout...

LA DAME. Je sais ce que vous venez de m'apprendre...

BELLEROSE, il s'assied à sa même place à la table de droite. Moi... je vous ai... Au fait... c'est possible... je perds la tête quand il s'agit d'elle... Enfin... puisque vous la connaissez, vous n'ignorez pas qu'elle habitait le château de Malzonvilliers avec son père. Malzonvilliers, à un quart de lieue de chez nous. Son père, à elle, un traitant nouvellement enrichi... oh! mais riche comme on ne l'est pas... Malgré ça, il n'avait aucune fierté avec nous autres. Suzanne était toujours chez nous pour jouer avec Claudine et avec moi... Nous grandissions ensemble, et dame, on ne pouvait pas se passer les uns des autres... Suzanne est plus jeune que moi d'au moins quatre ans. Eh bien, croiriez-vous que toute petite elle faisait déjà de moi ce qu'elle voulait? C'est comme je vous le dis. Regardez-moi, je suis grand, n'est-ce pas? je suis fort... j'ai toujours été déterminé! Tout jeune je n'aurais pas tremblé devant dix gendarmes du roi... eh bien! je balbutiais, je me troublais devant cette enfant, quand elle entr'ouvrait ses lèvres roses et sérieuses. Je retenais mon haleine pour mieux l'entendre. Que vous dirai-je? je serais mort avec plaisir pour elle... Qu'est-ce que ça voulait dire? je n'en savais rien.

LA DAME. Vous l'avez su depuis?

BELLEROSE. Eh! oui!

LA DAME. Vous l'aimiez?...

BELLEROSE. Oh! oui, je l'aimais!

LA DAME. Et elle?

BELLEROSE. Elle!... Ne me questionnez pas là-dessus, madame. Elle non, elle ne... je blasphème! Eh bien oui, elle m'aimait aussi. Je l'ai su le jour où son père l'a eu promise à monsieur le comte d'Alberghotti... Le jour où elle m'a tout dit, nous avons tant pleuré que j'ai cru que nous allions mourir... Elle a essuyé ses yeux la première et elle m'a quitté pour obéir à monsieur de Malzonvilliers.

LA DAME. Vous ne lui avez point fait de reproches?

BELLEROSE. Des reproches, moi! Est-ce que j'en avais le droit?... Elle faisait son devoir. De mon côté, j'ai tout avoué à mon père et à Claudine. Ils ont bien sangloté aussi. Pauvres chers cœurs! que de peines!... ils ont cherché à me consoler! ah! bien oui! j'avais résolu de m'engager, cela leur a mis la mort dans l'âme, mais ils m'ont approuvé. Alors j'ai été trouver monsieur d'Assonville. Je voulais entrer dans sa compagnie. Mais non, m'a-t-il répondu, tu n'as rien à faire dans les chevau-légers. Serais-tu le plus instruit, le plus hardi et le plus intelligent soldat de la compagnie, un mince cadet de famille expédié de Paris par la cour, te passerait sur le corps. Entre dans l'artillerie. Là, c'est autre chose. Alors il m'a fait donner une lettre pour monsieur de Nancrais qui m'a pris tout de suite. Depuis ce moment-là il s'est écoulé du temps, et je crois que j'ai fini par oublier!

Il est très-ému. Il se lève et va au milieu de la scène.

LA DAME, *à part.* Oublier! Ses larmes prouvent le contraire! *Camille entre et reste au-dessus.* *

LA DAME, *rappelée à elle-même par l'entrée de Camille et donnant la lettre à Bellerose.* Pour monsieur d'Assonville... oubliez tout... jusqu'au chemin que vous avez pris pour venir jusqu'ici... Mais si jamais vous aviez besoin d'aide et d'appui et si les hommes vous refusaient cet aide et cet appui, frappez hardiment à la porte de la rue Cassette et nommez-vous; une femme se souviendra.

*Elle fait un signe à Camille qui indique à Bellerose la porte de gauche. Bellerose s'incline et sort.*

LA DAME, *se démasquant et rappelant Camille* **. Je n'y suis pour personne. *Elle sort par le fond à droite.*

CAMILLE, *à part.* Beau sergent Bellerose, c'est avec votre souvenir que la haute et puissante dame duchesse de Châteaufort, ma maîtresse, veut rester seule ce soir!

*Camille s'enfuit. La Duchesse s'éloigne pensive.*

*Quatre domestiques entrent, enlèvent les meubles. — Changement à vue.*

---

*Les mousquetaires descendent du château, à gauche, et traversent la scène. Le fond est garni de canonniers, d'officiers, de seigneurs.*

---

## DEUXIÈME TABLEAU

*La terrasse de Saint-Germain. — Un grand escalier conduisant au château.*

---

### SCÈNE PREMIÈRE

SOLDATS de la compagnie de Nancrais, OFFICIERS de toutes armes allant et venant, GENTILSHOMMES et DAMES, montant et descendant le grand escalier ***.

GRIPPART, *à Bouletord.* Pas de manières, caporal Bouletord, je suis ton égal, ton collègue maintenant, demande au sergent La Déroute.

LA DÉROUTE. La Déroute, ami de Grippart, pas de Bouletord.

GRIPPART. Attrape! Le sergent n'en dit jamais bien long, rapport à ce que, pour avoir trop parlé du temps de la Fronde, il en a eu une fois du désagrément.

LA DÉROUTE. Pendu!

GRIPPART. Ça lui a laissé une petite difficulté dans la parole, mais il a des idées.

LA DÉROUTE. Bonnes.

GRIPPART. Ah, mais oui! A preuve qu'il ne peut pas souffrir Bouletord.

BOULETORD. Vous me haïssez, je le sais bien; mais c'est égal, un jour ou l'autre nous verrons, nous verrons. *La Déroute remonte.*

GRIPPART. Qu'est-ce que tu marmottes dans tes dents?

BOULETORD. Nous verrons, nous verrons.

LA DÉROUTE. Attention, le commandant!

BOULETORD, *à part* De Nancrais! leur protecteur à eux; je préfère le mien.

### SCÈNE II

LES MÊMES, DE NANCRAIS, *puis* D'ASSONVILLE.

*Nancrais et d'Assonville se croisent et, se reconnaissant, s'arrêtent pour se serrer la main* ****.

D'ASSONVILLE, *venant de droite.* De Nancrais!

NANCRAIS, *de gauche.* D'Assonville!

D'ASSONVILLE. Mon frère, mon ami, que je suis heureux de te voir! Si nous n'étions pas entourés de témoins, comme je t'embrasserais.

NANCRAIS. Raoul! Toi, à Saint-Germain. Je te croyais à Nancy avec ta compagnie de chevau-légers.

D'ASSONVILLE. Nous arrivons, mandés par ordre supérieur. Et toi?

* Bellerose, Camille, la Duchesse.

** Camille, la Duchesse.

*** La Déroute, Grippart, Bouletord.

**** La Déroute, Grippart, de Nancrais, d'Assonville, Bouletord.

NANCRAIS. Je viens de la Ferté avec mes artilleurs, ordre du roi aussi. Pour notre bienvenue on nous fait faire le service du palais.

D'ASSONVILLE. Ah çà! que se passe-t-il à Saint-Germain? Il s'y fait, ce me semble, un mouvement inusité. Qu'est-ce que cela signifie? *La cantinière est au fond qui se promène.*

NANCRAIS, *mi-voix.* Cela signifie que la guerre est proche.

D'ASSONVILLE. La guerre!

NANCRAIS. Cela se dit encore un peu bas là-haut, donc il ne faut pas en parler trop haut ici. On attend pour aujourd'hui les ordres de Sa Majesté, et je suppose même que c'est pour cela qu'on nous a réunis. D'ailleurs, il reste des préparatifs à faire. Un délai de quelques mois s'écoulera avant les premières hostilités.

D'ASSONVILLE. Tant mieux, cela me fournira l'occasion de te voir. Nous étions séparés depuis si longtemps!

NANCRAIS. Je le regrettais plus que toi.

D'ASSONVILLE. Plus que moi! frère, tu me juges mal.

NANCRAIS. Je te juge d'après ta conduite, tu as toujours eu tant de distractions! En ce moment encore, quelle intrigue mènes-tu?

D'ASSONVILLE. Une intrigue?

NANCRAIS. Quel autre nom donner à la cause pour laquelle tu m'as fait accorder un congé à Bellerose, avec une mission de ta part, une mission secrète?

D'ASSONVILLE. Mon ami, tu sauras...

NANCRAIS. Je ne veux rien savoir.

D'ASSONVILLE. Cependant...

NANCRAIS. Rien, te dis-je. Nous allons entrer en campagne, je ne puis appartenir à tes aventures; elles me troubleraient peut-être. Je me dois tout entier à mon devoir, au roi, au pays.

D'ASSONVILLE. Tu ne m'aimes pas!

NANCRAIS. Je ne t'aime pas, pauvre enfant! Tiens, je n'ai pardonné à ma mère de s'être remariée, que le jour où pour la première fois je t'ai vu et embrassé dans ton berceau.

UN OFFICIER, *s'approchant.* Monsieur de Louvois mande au palais messieurs les officiers des régiments royaux.

*Paraissent de droite, officiers et seigneurs, traversent la scène et rentrent au palais gauche. — Les canonniers qui sont au fond descendent en scène, et les mousquetaires reviennent de droite.*

NANCRAIS, *s'approche d'Assonville, celui-ci le prend par le cou et l'embrasse à la dérobée* *. Viens!

*Ils montent l'escalier. Des officiers les suivent, les soldats viennent en scène.*

GRIPPART **. Mais pourquoi donc Bellerose ne revient-il pas?

LA DÉROUTE. Permission.

BOULETORD. Bon, bon, il finira bien par déserter un petit peu, celui-là.

LA DÉROUTE. Bellerose? non.

GRIPPART, *à Bouletord* ***. Combien as-tu de côtes, mon camarade?

BOULETORD. Mais...

GRIPPART. On voit que Bellerose n'est pas là!

BOULETORD. Eh bien, s'il était là, qu'est-ce qui arriverait?

GRIPPART. Il y a dans un étui qu'il porte au côté une aiguille pour te coudre le bec.

TOUS, *riant.* Oui, oui!

LA DÉROUTE. Oui, aiguille.

BOULETORD. Mais qu'a-t-il donc fait, à la fin, pour être si choyé de vous autres?

GRIPPART. Il est arrivé, il y a six mois, doux comme un mouton et si frais, que monsieur de Nancrais lui donna tout de suite son nom de guerre, Bellerose; on aurait dit une demoiselle. Aussi les gens de ton espèce ne se gênèrent pas pour se moquer de lui.

LA DÉROUTE. Juste.

GRIPPART. Bellerose se laissa faire, jusqu'à un beau matin où sa sœur Claudine vint le voir avec son vieux père.

LA DÉROUTE. Père vénérable, fille jolie.

GRIPPART. Il y eut quatre à cinq étourneaux pour parler de trop près à Claudine, cela fit une dizaine de coups de sabre, car l'agneau était un lion, et il fallut bien s'apercevoir que Bellerose était le premier maître d'escrime de l'armée de Flandre.

BOULETORD. Oh! le premier, on pourra voir.

GRIPPART. Pour lors, on se mit à le regarder. Le lieute-

* D'Assonville, de Nancrais.

** La Déroute, Grippart, Bouletord.

*** La Déroute, Bouletord, Grippart.

nant l'interrogea. Nom d'un cœur! l'enfant en savait si long que le lieutenant court encore! Il y en eut qui dirent : attendons-le au feu. Au premier feu il pâlira, c'est vrai, c'est probable, mais il fera un trou dans les rangs espagnols et il rapportera le drapeau des miquelets.

BOULETORD. Ce sera de la chance.

LA DÉROUTE. Jamais de chance, toi.

GRIPPART, à la cantinière qui est au fond, il remonte. Hé! la Normande! par ici, s'il vous plaît*.

LA DÉROUTE, d'un ton de reproche. Grippart!

GRIPPART. C'est pour trinquer en l'honneur de Bellerose.

TOUS. A la santé de Bellerose!

## SCÈNE III

LES MÊMES, BELLEROSE **.

BELLEROSE, entrant vivement et attrapant un verre à la volée. Merci, les amis.

TOUS. Bellerose!

BELLEROSE. J'arrive à temps, hein? A votre santé!

LA DÉROUTE, trinquant. Santé!

GRIPPART, voyant que Bouletord s'abstient. Eh bien, et toi, là-bas?

BOULETORD. Je ne bois pas.

GRIPPART. On ne boit pas, mais on trinque.

BOULETORD. Je n'ai pas envie de trinquer.

LA DÉROUTE. Tonnerre!

GRIPPART. Bellerose ne dit rien.

LA DÉROUTE. Non.

GRIPPART. Bellerose, est-ce que tu es devenu sourd?

BELLEROSE, souriant et levant son verre. Quand une mouche me pique...

TOUS, éclatant de rire. Ah! bravo! bravo! Bellerose boit.

BOULETORD, furieux. Il m'insulte! Il lui arrache son verre.

BELLEROSE, doucement. L'homme, tu as perdu un verre de bon vin. Je vais te donner le fouet!

TOUS. Le fouet!

BOULETORD, dégainant. En garde!

GRIPPART. Hé! les enfants, minute : gardez ça pour plus tard. Ici, bigre! ce serait dangereux.

BOULETORD. Je prends tout sur moi.

LA DÉROUTE. Protection.

BOULETORD ***. Allons, à la fin!

Il porte un coup à Bellerose.

BELLEROSE, parant avec son bras. Le fouet!

Il dégaine. — Les soldats font cercle.

GRIPPART, à Bellerose. Méfiance! c'est un fin tireur!

LA DÉROUTE. Tricheur!

BOULETORD, se fendant. Voilà!

BELLEROSE, parant de pied ferme. Voilà!

BOULETORD, de même. A refaire!

BELLEROSE, de même. Refait!

BOULETORD, de même. Et cette fois?

BELLEROSE, passant sous le fer et soulevant Bouletord à bras le corps. Des verges, s'il vous plaît!

Tumulte, rires, huées. Grippart trempe une serviette dans un seau et l'apporte. La Déroute bat des mains. Bouletord se débat et écume.

GRIPPART, présentant la serviette tordue. C'est ça qu'est commode!

UN SOLDAT, apportant une bride. Et ça!

UN AUTRE SOLDAT, un martinet. Et ça donc!

LA DÉROUTE. Choix, embarras!

BOULETORD. Si vous osez...

GRIPPART. Je m'offre pour faire la toilette.

Au moment où l'exécution va avoir lieu, un mouvement se fait au fond et les sentinelles portent les armes.

LA DÉROUTE, qui est remonté. Colonel!

GRIPPART. On a le temps, rien qu'une douzaine de calottes!

BELLEROSE, lâchant Bouletord. Camarade, je n'ai pas le cœur de te déshonorer à tout jamais. (Il ramasse l'épée.) Reprends ceci.

LA DÉROUTE. Bien!

GRIPPART. C'est tout de même dommage!

BELLEROSE, à Bouletord. Je t'engage seulement à ne pas y revenir!

* La Déroute, Grippart, la cantinière.

** Bouletord, La Déroute, Bellerose, Grippart.

*** La Déroute, Bouletord, Grippart, Bellerose.

## SCÈNE IV

LES MÊMES, DE NANCRAIS, OFFICIERS, descendant après eux le grand escalier *.

NANCRAIS, venant vivement à ses hommes. On a tiré l'épée ici?

LA DÉROUTE. Rien. Soldats jouent.

GRIPPART. Une manière de passer le temps. Nous étions en train de rire.

LA DÉROUTE, montrant Grippart. Gai... pinson.

GRIPPART, vexé. Sergent!

Nancrais remonte vers le fond, il rencontre d'Assonville qui paraît chercher quelqu'un. Nancrais désigne Bellerose. D'Assonville suit la main de son frère et vient au soldat.

D'ASSONVILLE, vivement et bas. Te voilà! eh bien?

BELLEROSE, bas. Lettre pour vous. Tiens! je parle comme La Déroute.

D'ASSONVILLE. Une lettre! ah! donne! (Bellerose la lui remet.) Enfin!

D'Assonville s'éloigne. En ce moment la duchesse de Chateaufort paraît : deux pages la précèdent, un nègre la suit l'abritant sous un parasol ; puis Camille, et derrière, deux dames d'honneur. Les soldats regardent curieusement. Les officiers s'inclinent.

D'ASSONVILLE, à part. C'est elle! elle refuse de me recevoir, de me parler. Que faire?

Il reste au fond. La dame monte lentement le grand escalier, elle est suivie de Camille, sa camériste, vêtue en femme.

BELLEROSE, à lui-même **. Mâtin, une belle dame, celle-là!

GRIPPART, qui a entendu sa réflexion, qui est au fond. Sais-tu qui elle est?

BELLEROSE. Ma foi non.

GRIPPART. Je le sais, moi.

BELLEROSE. Toi?

GRIPPART. Moi-même : c'est la duchesse de Châteaufort, une personne qui a le bras long, oh! mais long! Son mari est gouverneur de province dans le Midi. Il la laisse à Paris toute seule. Ça t'éveille, ça, Bellerose? Eh bien, faudrait te méfier, si jamais tu étais susceptible de t'approcher de la duchesse, attendu que son duc, un tigre! un vrai, je ne te dis que ça! ah! mais là, y a pas.

LA DÉROUTE, à Grippart. Farceur!

BELLEROSE, riant. Comme il est instruit, ce Grippart! tu fréquentes donc le beau monde?

GRIPPART, avec fatuité. Pourquoi pas? on a l'avantage de s'insinuer de temps en temps auprès des...

LA DÉROUTE. Femmes de chambre.

GRIPPART. Ce sergent, un vrai sorcier!

Passe une femme vêtue d'un costume sombre. — Une jeune fille l'accompagne. — Derrière deux dames du palais, puis suivent des seigneurs.

BELLEROSE, après avoir regardé la dame et sa suivante. Que vois-je?

LA DÉROUTE. Ta sœur Claudine.

BELLEROSE. Elle-même. Et l'autre! l'autre! Suzanne! mon Dieu!

Il chancelle.

GRIPPART. Dis donc, toi, eh! pas de bêtises!

LA DÉROUTE. Quoi?

GRIPPART. Il a de l'émotion : une sœur qu'on ne s'attend pas à voir.

LA DÉROUTE. Naturel ***.

Bellerose revenu à lui, court à Claudine. — Celle-ci l'arrête en mettant un doigt sur sa bouche. Au moment où Suzanne va gravir le grand escalier, un groupe de personnes vient de gauche et s'avance au-devant de Charny qui descend les marches. — Le groupe s'incline devant Suzanne qui monte. — Bouletord a aperçu Charny.

BOULETORD. Enfin!

LA DÉROUTE, à Bouletord. Tu dis?

GRIPPART, emmenant La Déroute, à mi-voix, à gauche. Plus souvent qu'il avouera. Celui qui vient là au milieu des courtisans, c'est monsieur de Charny, l'âme damnée de monsieur de Louvois, le ministre tout-puissant, et Bouletord est l'espion de monsieur de Charny.

Pendant ce temps, trois seigneurs et trois officiers viennent de droite et autant de gauche derrière monsieur de Charny ****.

LA DÉROUTE. Malheur!

CHARNY, entouré des seigneurs. Messieurs, vous n'étiez pas là, je vous plains! vous me voyez sous le charme des paroles de Sa Majesté! Quelle éloquence, quelle séduction irrésistible!

* Bouletord, La Déroute, de Nancrais, Grippart, Bellerose, d'Assonville.

** La Déroute, Grippart, Bellerose.

*** La Déroute, Grippart.

**** D'Assonville, de Charny.

GRIPPART, bas, de loin. As-tu fini?

La Déroute le prend au collet et le fait pirouetter en l'entraînant.

CHARNY *. Et quel spectacle admirable! un roi jeune, élégant, passionné pour toutes les choses grandes et nobles, entouré des gloires de l'armée, de l'élite de la noblesse et de l'Eglise, des maîtres de la science, de la magistrature, des lettres et des arts, que sais-je encore! messieurs, je reste ébloui, confondu! Et les explications que Sa Majesté a daigné fournir au sujet de la guerre! Cela, je l'avoue, était un peu au-dessus de ma portée. Ah! monsieur de Nancrais, vous étiez là, vous! vous pourriez expliquer à ces messieurs...

Tous se rapprochent avec intérêt de de Nancrais.

NANCRAIS, s'approchant, Bouletord au-dessus, à droite. Les paroles de Sa Majesté ont été en effet solennelles. Elles vont retentir dans le monde entier. Notre souverain a rappelé ses efforts, pendant ces huit dernières années, pour cimenter les alliances, pour neutraliser les efforts des éternels ennemis de notre pays, enfin pour faire éclater la suprématie de la France.

CHARNY. Très-bien!

GRIPPART, montrant de loin Charny. Est-il bête, celui-là! qu'est-ce qui lui demande son opinion?

La Déroute emmène Grippart avec le jeu de scène précédent.

NANCRAIS. Le roi attendait son heure : l'heure a sonné! La mort de Philippe IV lui permet de revendiquer les Pays-Bas espagnols. Que Dieu protége ses desseins! Messieurs, vive le roi!

TOUS. Vive le roi!

Ceux de droite vont à gauche et ceux de gauche vont à droite. D'Assonville a remonté, Bellerose, Grippart et La Déroute forment un groupe à gauche **.

CHARNY, à Nancrais. Monsieur de Nancrais, vos nobles paroles seront fidèlement portées à monsieur de Louvois, soyez-en sûr. M'autorisez-vous à causer familièrement avec quelques hommes de votre régiment? Je suis observateur, et par certaines réponses je saisis adroitement l'état de l'esprit public. Vous me comprenez?

NANCRAIS. Faites votre métier, monsieur, je n'ai point à vous donner d'autorisation. Sachez seulement que mes soldats sont tous gens de cœur dont l'opinion tient dans cette devise : Fidélité à l'honneur et au drapeau.

CHARNY. Sans doute, sans doute : fidélité au drapeau, c'est ma devise aussi à moi. (Il s'approche de Bouletord et lui dit à voix basse.) Quoi de nouveau?

BOULETORD, bas et bourru. Faites-moi faire sergent tout de suite.

CHARNY. Que je...

BOULETORD. Oui, monsieur, tout de suite.

En ce moment un soldat remet un pli à monsieur de Nancrais.

CHARNY, patelin à Nancrais. Monsieur de Nancrais, l'esprit du soldat est excellent, je voudrais laisser ici un souvenir de ma visite.

NANCRAIS. Parlez, monsieur.

CHARNY. N'auriez-vous pas à l'état disponible une hallebarde de sergent? Dans le cas d'affirmation, je la demanderais.

NANCRAIS. Nous avions en effet une vacance dans le grade, mais je reçois à l'instant de la part du ministre l'ordre d'en disposer.

CHARNY. En faveur de?

NANCRAIS. En faveur du caporal Bellerose!

BOULETORD, furieux. Oh!

TOUS LES SOLDATS. Bravo!

NANCRAIS, à un tambour. Un roulement!...

Les canonniers derrière monsieur de Nancrais ***.

CHARNY, à Nancrais avec dépit. C'est bien, monsieur!

NANCRAIS. Caporal Bellerose, au nom du roi vous êtes sergent. Un nouveau roulement a lieu ****.

LA DÉROUTE, à Bellerose. Collègue!

GRIPPART, à Bellerose. Te voilà mon supérieur!

BELLEROSE. Un ami toujours! (A part.) La dame masquée me l'avait bien dit.

D'ASSONVILLE, s'approche de Bellerose, bas. D'abord mes félicitations. Ensuite j'ai un nouveau service à te demander.

BELLEROSE. Ne savez-vous pas que je suis à vous corps et âme.

D'ASSONVILLE, lui remettant un papier. Voici encore une permission. Va m'attendre à Paris, hôtel de la Tête-Noire, rue Saint-Denis.

BELLEROSE. Comptez sur moi, monsieur d'Assonville.

D'ASSONVILLE. Je tenterai un dernier effort, et si j'échoue...

NANCRAIS. Mon pauvre frère, quoi qu'il arrive, je saurai bien te forcer à rester à l'armée.

Pendant ce qui précède, un grand mouvement s'est fait en haut de l'escalier. On descend en foule.

BELLEROSE, écrivant. Hôtel de la Tête-Noire, rue Saint-Denis.

CLAUDINE est venue derrière Bellerose. Mes compliments au sergent Bellerose.

BELLEROSE. Claudine!

GRIPPART, la saluant. Mademoiselle...

LA DÉROUTE, à Grippart. Jolie!

GRIPPART. Plus jolie que ça, sergent.

BELLEROSE. Ainsi tu as quitté le pays sans que j'en aie rien su?

CLAUDINE. Je t'expliquerai cela.

BELLEROSE. Et le père?

CLAUDINE. Il va toujours bien. Il m'a chargée de t'embrasser. Je m'acquitterai de sa commission.

BELLEROSE, bas. Et elle?

CLAUDINE, lui montrant Suzanne qui revient très-entourée. La voilà, tais-toi. A propos, où te retrouverai-je?

BELLEROSE, il lui donne la note qu'il vient d'écrire. Où? et parbleu, là. Tiens, garde l'adresse, moi je ne l'oublierai pas.

## SCÈNE V

LES MÊMES, LA DUCHESSE, SUZANNE D'ALBERGHOTTI, DAMES, SEIGNEURS.

Pendant ce qui précède, les seigneurs ont désigné Suzanne à Charny. — Après avoir causé avec eux, il s'approche d'elle.

CHARNY, avec chaleur. Ah! madame, je viens d'apprendre ce que vous avez fait. Madame, c'est admirable, je suis dans l'enthousiasme!

LA DUCHESSE. Permettez que je vous complimente au nom de la noblesse de France. Votre dévouement au roi nous honore tous.

SUZANNE. Je vous en supplie...

LA DUCHESSE. Non, non, dût votre modestie en souffrir, il nous faut proclamer la noble conduite que monsieur le comte d'Alberghotti et vous, madame, vous venez de tenir à l'égard de notre souverain. Messieurs, madame la comtesse a quitté monsieur d'Alberghotti malade; d'après sa volonté expresse, elle est venue du fond de l'Artois pour faire offrande à la cassette particulière de Sa Majesté de la somme énorme de quinze millions!

CHARNY. Quinze millions, messieurs, au moment d'une entrée en campagne : l'importance d'un tel subside est inappréciable. On entoure la comtesse et on la complimente.

LA DUCHESSE, bas à Camille, sa suivante. Eh bien, notre sergent?

CAMILLE, bas. Vous l'avez rendu bien heureux, madame.

LA DUCHESSE. Qu'il ignore que c'est moi qui... Et cette jeune fille avec qui il causait?

CAMILLE. Sa sœur Claudine?

LA DUCHESSE. Ah!

SUZANNE, se dégageant du groupe des courtisans. Vous me comblez, messieurs. Monsieur le comte et moi, nous ne méritons pas vos éloges. Nous n'avons fait que notre devoir. En nous donnant les biens des Malzonvilliers et en les unissant à ceux des comtes d'Alberghotti, Dieu nous destinait à faire un acte agréable au roi. Sa Majesté a daigné nous témoigner sa satisfaction, nous sommes amplement récompensés. Nous restons ses obligés et tout ce qui nous appartient est à lui.

CHARNY, à part. Peste, quelle fortune! J'aurai les yeux ouverts sur cette généreuse comtesse. Si elle devenait veuve, qui sait? Roulement de tambours.

NANCRAIS. Canonniers, à vos rangs!

Les escaliers se garnissent de gentilshommes et de dames, et le théâtre se remplit de troupes, d'officiers, etc. Au fond le peuple.

UN OFFICIER DE SERVICE, en haut de l'escalier. Messieurs! le roi!

Louis XIV, paraît. — Tambours, mouvement d'armes.

---

* Grippart, La Déroute, d'Assonville, de Charny, de Nancrais, Bouletord.

** La Déroute, Grippart, Bellerose, d'Assonville, de Charny, de Nancrais, Bouletord.

*** Bellerose, Grippart, La Déroute, de Nancrais, de Charny, Bouletord.

**** Grippart, La Déroute, Bellerose, de Nancrais, de Charny, Bouletord.

# ACTE DEUXIÈME

## TROISIÈME TABLEAU

Chambre d'auberge à Paris. — Alcôve avec rideaux fermés. — Trois portes. — Table au milieu. — Valise dans un coin, au-dessus de laquelle un porte-manteau où pendent des vêtements et un manteau.

### SCÈNE PREMIÈRE

MÉRISET, PIERRE.

La scène est vide. Mériset entre sur la pointe du pied; Pierre le suit avec un balai et un plumeau.

MÉRISET *. Pas de bruit, lourdaud !...

PIERRE, haussant les épaules. Un monseigneur à l'auberge de la Tête-Noire !... Allons donc !

MÉRISET, colère subite. Je te chasserai !... La Tête-Noire est au-dessus de tes insinuations... La Tête-Noire a eu monsieur de Charny, le propre confident de monsieur de Louvois. (Il se découvre.) La Tête-Noire a eu monsieur de Châteaufort qui a une si belle femme... Eh! eh! comprends-tu le mot pour rire?

PIERRE. Mais puisque l'homme qui est là vous a dit... — tiens, il n'y est pas — qu'il était sergent...

MÉRISET, furieux. Tu l'appelles un homme! Je te chasse! (Il le saisit au collet.) Misérable coquin!... Non! j'aime mieux te battre... Malfaiteur, à nous deux!... osé dire que l'auberge de la Tête-Noire n'est pas la meilleure de Paris!

Il le prend par l'oreille.

PIERRE. Dame!...

MÉRISET. Tu n'oses pas!... lâche!... si l'auberge de la Tête-Noire est la meilleure de Paris, pourquoi ce jeune seigneur qui est là, — non il n'y est pas —... ne serait-il pas un prince déguisé? hein?

PIERRE. Écoutez donc...

MÉRISET. Tais-toi !... Sais-tu en quel temps nous vivons?... Connais-tu les intrigues de la cour?... Te doutes-tu seulement de la guerre implacable que le grand Condé, le maréchal de Luxembourg et d'autres font au ministre Louvois... Non?... Eh bien! pitoyable brute, alors...

PIERRE, se dégageant. Puisqu'il a dit qu'il était sergent de canonniers!

MÉRISET, avec un rire sardonique. Très-bien!... Mon pauvre Pierre, tu n'es pas fort!... Tu croirais donc au premier venu qui te dirait : Je suis monsieur le duc un tel... ou monsieur le marquis... ou monsieur le cardinal?...

PIERRE. Dame !...

MÉRISET. A ton balai... domestique!... je suis bien sot de te parler comme si tu étais quelqu'un de ma sorte! (Au moment où Pierre va balayer, il l'arrête.) Un mot encore! Jure-moi de garder sur tout ce que tu as vu le plus profond secret!...

PIERRE. Je n'ai rien vu...

MÉRISET, avec violence. Pas d'équivoque!... Lève la main.

PIERRE. Je jure...

MÉRISET, l'interrompant. Chut!... on vient... Imite-moi... fais semblant d'être calme!

### SCÈNE II

LES MÊMES, LA DUCHESSE, CAMILLE.

CAMILLE **. On m'a dit que je trouverais ici le maître de l'auberge?

MÉRISET. C'est moi. (A part, à Pierre avec emphase.) Une inconnue, du mystère! (Haut à Camille.) Qu'y a-t-il pour votre service?

CAMILLE. Vous allez le savoir. Mais d'abord faites entrer ma camériste.

Elle désigne le fond.

PIERRE, à Mériset. Sa... quoi?...

MÉRISET. Caméristе, imbécile. C'est comme qui dirait toi en femme.

PIERRE. Ah! bon!

* Mériset, Pierre.

** Camille, Mériset, Pierre.

CAMILLE, avec humour. Allez *.

PIERRE, à la Duchesse qui est entrée. C'est-il vous qu'on demande?

LA DUCHESSE. Oui.

PIERRE, la regardant avec admiration, à Mériset. Patron, eh bien, vrai! elle est mieux dans son genre que moi dans le mien... et cependant puisque nous sommes tous les deux... des ca... *mérisses*...

MÉRISET. Tais-toi!

LA DUCHESSE, bas à Camille qui se donne des airs de grande dame. C'est bien... continue sur ce ton.

CAMILLE, bas. Mais quand le sergent Bellerose viendra**...

LA DUCHESSE, même jeu de scène. Il ne me connaît pas, je puis satisfaire sans danger la curiosité inoffensive dont il est l'objet.

CAMILLE, bas. Cependant... votre présence...

LA DUCHESSE, vivement. Elle s'explique. Je t'accompagne, tu viens pour une réponse à remettre de la part de la Castillane. — A propos... cette réponse...

CAMILLE, montrant un papier. La voici.

LA DUCHESSE, bas. Bien, maintenant questionne ces gens, et fais à mon caprice.

CAMILLE, bas. Mon Dieu, madame... j'ai peur de m'embrouiller.

LA DUCHESSE. Toi! tu as de l'imagination, de la verve... Je crois que tu prends exemple sur les soubrettes des comédies nouvelles...

CAMILLE, bas. Madame me flatte (Haut à Mériset.) Vous avez ici un... jeune homme.

MÉRISET. Oui... monsieur le vicomte...

CAMILLE. Ce n'est pas cela.

MÉRISET, clignant de l'œil. Il est peut-être marquis?

CAMILLE, lui donnant une bourse. Son nom?

LA DUCHESSE. Et gardez le respect.

MÉRISET, saluant jusqu'à terre, à part. Ce doit être un duc. (Haut.) Son Altesse, jusqu'à présent, a daigné garder le plus strict incognito.

LA DUCHESSE. Sort-il souvent?

MÉRISET. Très-peu.

LA DUCHESSE. Qui vient le voir?

MÉRISET. Personne.

CAMILLE, bas à la Duchesse. Mais, madame, vous questionnez à ma place.

LA DUCHESSE, bas. C'est juste. Je m'oubliais!

### SCÈNE III

LES MÊMES, SUZANNE, CLAUDINE.

PIERRE, ébahi en les voyant entrer, bas à Mériset. Ah! encore des inconnues*** !

MÉRISET, enchanté, bas à Pierre. Quelle maison que la mienne!

CLAUDINE a reconnu la Duchesse; à part à Suzanne. Madame de Châteaufort!

Suzanne s'approche et salue.

LA DUCHESSE. Eh! quoi, c'est vous la madame la comtesse!

PIERRE, à part, à Mériset. Une comtesse!

MÉRISET, à part. Nigaud! des frimes; mais n'ayons pas l'air.

SUZANNE, un peu embarrassée. Je me suis laissée entraîner par Claudine mon amie d'enfance... elle venait faire ses adieux à son frère que j'ai eu le plaisir de connaître à Malzonvilliers... autrefois.

LA DUCHESSE. Oui... je sais...

CLAUDINE. C'est lui qui vous l'a dit, madame la duchesse?...

PIERRE, à Mériset. Duchesse!... mais tout à l'heure... elle était comme moi.

MÉRISET, bas à Pierre. Dans ce monde-là, ils montent vite en grade.

LA DUCHESSE. Comment monsieur votre frère aurait-il pu m'instruire?... je ne l'ai jamais vu. — Depuis l'incident de l'autre jour à Saint-Germain, il n'est question à la cour que de madame d'Alberghotti. — Des personnes qui la connaissent m'ont familiarisée avec les récits intéressants de son enfance et m'ont parlé de votre bienveillance particulière... pour monsieur Bellerose...

SUZANNE, un peu piquée. Pardon, madame... mais vous-même en vous trouvant ici... Claudine a pu imaginer un moment...

* Camille, la Duchesse, Mériset, Pierre.

** La Duchesse, Camille.

*** Camille, la Duchesse, Suzanne, Claudine, Mériset, Pierre.

LA DUCHESSE. Quoi donc, madame *?...

CAMILLE, interrompant. Si madame la duchesse le permet... j'expliquerai à madame... *Elle désigne Suzanne.*

SUZANNE, à Camille. Ne prenez point cette peine...

LA DUCHESSE. Mais si... (*A Camille.*) Parlez...

CAMILLE. J'ai un parent dans Royal-Artillerie. Sachant qu'un congé avait été accordé au frère de mademoiselle, (*Elle montre Claudine.*) j'ai pensé que je pourrais obtenir de lui des nouvelles de... la personne qui m'occupe. Alors j'ai couru jusqu'ici, pendant que madame la duchesse avait la bonté d'attendre dans son carrosse. Lassée de mon absence qui se prolongeait, et peut-être même, un peu inquiète de moi, madame s'est risquée dans ces parages nouveaux pour elle, mais sous le mérite d'un incognito qu'elle désire garder.

CLAUDINE, montrant des sièges. S'il m'était permis, en attendant l'arrivée de mon frère, de faire les honneurs de son logis... **

SUZANNE. Non, Claudine. Je ne puis attendre davantage.

LA DUCHESSE. Et moi, je pars également. (*A Camille.*) Vous prendrez vos renseignements une autre fois.

MÉRISET, à part. Elles en tie- nent toutes les deux pour le jeune homme, ça crève les yeux.

LA DUCHESSE, à Suzanne. Si vous n'avez point votre carrosse, je vous offre une place dans le mien.

SUZANNE. J'accepte, madame.

LA DUCHESSE. Veuillez passer, je vous prie.

SUZANNE. Après vous.

LA DUCHESSE. Non, après vous.

*Elles sortent. Pierre les accompagne humblement.*

CLAUDINE, en partant. Moi je reviendrai !

CAMILLE, restée seule avec Mériset ***. Ceci pour monsieur Bellerose, (*Elle lui donne une lettre.*) pour lui seul... vous entendez. — Surtout de la discrétion...

MÉRISET. La discrétion !... c'est la spécialité de mon établissement.

CAMILLE, à Mériset qui se dispose à la suivre. Ne m'accompagnez pas. *Elle sort. Mériset étonné obéit, et va à la fenêtre qu'il ouvre.*

MÉRISET. Que de cérémonies !.. Après vous... comtesse ! duchesse !... ah ! ah !... Deux filles d'opéra qui vont s'arracher les cheveux dans un carrosse de louage... On ne me trompe pas moi, Mériset... c'est bon pour ce rustaud de Pierre. — Ces donzelles sont bavardes comme des pies.., elles vont divulguer l'incognito du prince... les visites vont pleuvoir... les allées, les venues, le tiers, le quart... affaires d'amour, conspirateurs...Bravo ! Et puis, en fin de compte, les exempts, les lettres de cachet, la Bastille... allez toujours, morbleu !... J'ai vu la Fronde, moi ! ah ! ah ! chaud ! chaud !... ça marche !

## SCÈNE IV

### MÉRISET, DE CHARNY, LE DUC DE CHATEAUFORT ***.

DE CHARNY. Mériset !

MÉRISET. Hein ! qui m'appelle? (*Reconnaissant de Charny.*) Monsieur de Charny !

DE CHATEAUFORT. Écoute.

MÉRISET, reconnaissant le duc. Le duc de Châteaufort !

DE CHATEAUFORT. Deux dames sortent d'ici?

MÉRISET. En effet.

DE CHATEAUFORT, brusquement et vivement. Qu'ont-elles demandé?

MÉRISET, étourdi. Mais...

DE CHARNY. Réponds vite... et sans phrases.

MÉRISET. Elles ont demandé le jeune gentilhomme.

LE DUC. Un gentilhomme!

MÉRISET. Je parie que monsieur le duc est de ses amis... celui qui veut absolument passer pour un simple sergent.

LE DUC, à de Charny. C'est lui. (*Haut.*) Laissez-nous, Mériset.

DE CHARNY. Nous avons à causer.

MÉRISET. Très-bien, c'est que...

LE DUC. Quoi ?

MÉRISET. Vous pouvez être dérangés ici.

DE CHARNY. Dérangés?

MÉRISET. Le sergent... le prince qui joue cette mascarade peut revenir... Cette chambre est la sienne.

LE DUC. S'il revient, tu lui diras...

DE CHARNY, interrompant. Nous nous chargeons de lui expliquer notre présence...

* La Duchesse, Camille, Suzanne, Claudine, Mériset, Pierre.

** Camille, la Duchesse, Claudine, Mériset, Pierre.

*** Camille, Mériset.

*** Duc de Châteaufort, Mériset, de Charny.

MÉRISET. Toujours à vos ordres... (*A part.*) Puisqu'ils en usent si familièrement avec lui, c'est qu'il est un grand seigneur comme eux, c'est évident ! Je ne me trompe jamais !

*Il se frotte les mains de satisfaction et sort.*

## SCÈNE V

### LE DUC, DE CHARNY *.

LE DUC. Monsieur de Charny, vous êtes le plus intime serviteur de monsieur de Louvois?

DE CHARNY. Je m'en flatte, monsieur le duc.

LE DUC. Par suite, vous êtes l'allié naturel de ses amis.

DE CHARNY. Je crois vous avoir donné des preuves de mon parfait dévouement dans l'affaire de monsieur de Navailles, ce jeune fat qui laissait croire à une liaison entre lui et madame la duchesse...

LE DUC, l'interrompant. Celui-là est mort.

DE CHARNY, Subitement, oui.

LE DUC. D'Assonville me cause de bien autres inquiétudes !

CHARNY, à part. Alors, qu'il ne sorte pas le soir !

LE DUC. C'est plus grave que l'histoire de ce fou de Navailles. Du fond de mon gouvernement je vois très-bien ce qui se passe à Paris. Le frère de monsieur d'Assonville, monsieur de Nancrais, a un ami...

CHARNY. Qui est aussi l'ami de monsieur le duc?

LE DUC. Précisément.

CHARNY. Et qui tient monsieur le duc au courant?...

LE DUC. Oui... Qu'en dites-vous?

CHARNY. Je dis que cet ami, trahissant l'un des frères pour tendre à l'autre un traquenard, est un ami très-fort...

LE DUC, se redressant. Qui parle de traquenard ?

CHARNY. Je dis en outre que monsieur le duc aurait tout aussi bien pu s'adresser à moi.

LE DUC. Vous sauriez?...

DE CHARNY. Je sais un peu de tout... Jusqu'où vont vos renseignements?...

LE DUC. Jusqu'au dernier message porté à madame la duchesse par un sergent de canonniers de Nancrais...

CHARNY. Bellerose?

LE DUC. Vous le connaissez?

CHARNY. Je l'ai vu une fois, par hasard, le jour où on lui donnait la hallebarde... Un beau coquin!

LE DUC. Vos renseignements vont-ils plus loin que les miens?

CHARNY. Oui, puisque je vous ai amené au logis de Bellerose.

LE DUC, cessant de se contenir. Et à la porte même de son hôtellerie, j'ai reconnu madame la duchesse de Châteaufort! Par la mordieu ! Charny, j'ai bien fait de quitter ma province !

CHARNY. C'est selon... Veuillez me dire ce que vous attendez de mon zèle?

LE DUC. Je veux avoir la correspondance de monsieur d'Assonville.

CHARNY. Est-ce tout?

LE DUC. Et je veux me venger.

CHARNY. Le tome second de l'histoire de Navailles?

LE DUC, effrayé. Plus bas... puis-je compter sur vous?

DE CHARNY. Trop heureux de donner à monsieur le duc un nouveau témoignage d'attachement **.

*Il ouvre la fenêtre et fait des signes au dehors.*

LE DUC. Que faites-vous?

DE CHARNY. Vous le voyez, j'appelle.

LE DUC. Vous appelez?

DE CHARNY. Mon second, mon bras gauche. Ne faut-il pas toujours un bras gauche à un bras droit?... Puisque nous sommes chez le messager, c'est bien le diable si nous n'y trouvons pas trace du message. Entrez, Bouletord.

*Bouletord, qui a paru au fond, descend en scène.*

## SCÈNE VI

### LES MÊMES, BOULETORD ***.

DE CHARNY. Bouletord, monsieur le duc de Châteaufort vous fait l'honneur d'avoir besoin de vous. (*Bouletord salue.*) Voici ce dont il s'agit. Nous sommes dans la chambre d'un sergent de Royal-Artillerie.

* Le Duc, de Charny.

** De Charny, le Duc.

*** De Charny, Bouletord, le Duc.

BOULETORD, *regardant autour de lui.* Ah!...

DE CHARNY, *continuant.* Nommé Bellerose... vous avez dû le connaître au régiment. Dans le cas où il serait de vos amis...

BOULETORD, *avec une colère concentrée.* Oh!!..

DE CHARNY. Parfait! Cela m'évite une exhortation ayant pour but de vous inviter à sacrifier l'amitié au devoir...

BOULETORD. Inutile...

DE CHARNY. Nous avons intérêt à savoir de quels papiers ledit Bellerose pourrait être porteur.

BOULETORD. J'entends.

DE CHARNY. Voici une malle, un porte-manteau... on pourrait commencer par là... pas devant nous, ce genre d'opération veut le silence et la solitude. Nous vous laissons. Vous me retrouverez à mon hôtel. Monseigneur n'oubliera pas votre dévouement, Bouletord *. (*Il remonte, puis revient sur ses pas.*) Ah! si ces... objets ne contenaient rien d'utile, vous feriez bien d'inviter Mériset à vous trouver à côté de cet appartement, mais tout à côté, quelque chambre discrète d'où vous pourriez entendre ce qui se dirait ici... Généralement, les cloisons sont légères dans nos auberges... il est vrai que nous tenons la main à ce qu'il en soit ainsi. A revoir, Bouletord... à revoir... (*Au duc* :) Mon carrosse est en bas.

LE DUC. Pouvez-vous me donner l'hospitalité, monsieur?...

DE CHARNY. Ma maison, ce qu'elle contient et le propriétaire, tout appartient à monsieur le duc.

LE DUC. Merci.

*Il sort vivement. — De Charny en sortant fait un dernier geste de recommandation à Bouletord.*

## SCÈNE VII

### BOULETORD, *puis* LA DÉROUTE *et* GRIPPART **.

BOULETORD. Ah! c'est à ce gredin de Bellerose que nous en avons! Il n'a qu'à bien se tenir celui-là... Rien n'effacera de là (*Il montre son cœur.*) l'injure qu'il m'a faite. Voyons.. Des papiers compromettants... là-dedans! peu probable... Enfin...

*Il s'apprête à déboucler la malle. Grippard et La Déroute paraissent au fond.*

GRIPPART. C'est bien ici... (*Voyant Bouletord.*) Qu'est-ce qu'il fait donc celui-là?..

LA DÉROUTE. Voleur!

*Bouletord se retourne. Les soldats le reconnaissant.*

GRIPPART, Bouletord! toi!

BOULETORD. Eh bien oui, moi. Qu'est-ce que vous avez à crier?

GRIPPART. Tu cherches à forcer la malle de notre ami Bellerose?

BOULETORD, *se dirigeant du côté de la fenêtre.* Forcer sa malle!.. je regardais l'adresse... (*A part.*) Les camarades sont en bas... si je pouvais...

*Il se dirige vers la fenêtre. — La Déroute a compris son mouvement, et aidé de Grippart à qui il a fait signe, il l'arrête.*

GRIPPART, *montrant Bouletord****. Il a de mauvaises intentions...

LA DÉROUTE, Empoigne!

*Ils se jettent sur Bouletord et le terrassent ; il se défend.*

GRIPPART, *le genou sur sa poitrine.* Mords pas... ou j'étrangle!.. Sergent! que faut-il faire?

LA DÉROUTE. Bâillon!

GRIPPART. Un bâillon; mais je n'en ai pas!

LA DÉROUTE, *montrant les poches de Bouletord.* Poches...

GRIPPART. Dans ses poches... Compris... (*Tous les deux fouillent Bouletord ; ils trouvent des cordes et un bâillon. — Grippart le montrant.*) Le bâillon demandé! a-t-il des idées, le sergent!...

*Ils le bâillonnent et le lient solidement.*

LA DÉROUTE, *montrant Bouletord qui est inerte.* Ficelé!

GRIPPART, *se tordant de joie.* Oh! La Déroute! tu es un amour!.. Et, consécutivement où allons-nous le mettre?

LA DÉROUTE. Porte-manteau!

GRIPPART. J'y songeais!.. à la besogne!.. On monte!.. (*Il décroche un porte-manteau et des courroies.*) En deux temps! (*Ils roulent Bouletord dans le manteau et mettent les agrafes et les courroies.*) Emballé! Il ne manque plus que l'adresse!.. Un coup de main, sergent! (*Ils poussent Bouletord derrière les rideaux de l'alcôve.*) Tiens!.. tiens!.. une personne de l'autre sexe!

*Il salue militairement. Claudine a paru à la porte du fond. Elle est voilée.*

LA DÉROUTE, Bon genre!

* Bouletord, De Charny, le Duc.

** Bouletord, Grippart, La Déroute.

*** Grippart, Bouletord, La Déroute.

## SCÈNE VIII

### LES MÊMES, CLAUDINE *.

CLAUDINE, *questionnant.* Monsieur Jacques!

GRIPPART. Autrement dit Bellerose.

CLAUDINE. Ah! je vous reconnais, vous êtes ses camarades...

*Elle défait son voile.*

GRIPPART. Comme vous dites, mademoiselle Claudine! c'est nous, les amis : moi, Grippart, et lui... le sergent La Déroute...

CLAUDINE. Je suis contente de vous voir, car je sais que Jacques vous aime bien...

GRIPPART. Ah! nous l'aimons bien aussi!

LA DÉROUTE. Un frère!..

CLAUDINE. Vous voilà donc à Paris comme lui...

GRIPPART. Oui, mademoiselle... ça nous tourmentait de le laisser tout seul... y avait justement des choses à chercher à Paris pour le service du régiment; nous nous sommes présentés, on nous a acceptés... et voilà comme quoi nous avons pu rejoindre le camarade.

CLAUDINE. Quand repartez-vous?

LA DÉROUTE. Demain.

GRIPPART. Pas moyen de reculer. Pour notre dernier jour, nous avons projeté une petite partie avec Bellerose, et nous venons le chercher... Mais, mademoiselle, vous pouvez être tranquille... y a pas de dame. — Nous trois tout seuls... à moins que vous ne consentiez à faire une quatrième...

CLAUDINE. Bien reconnaissante, messieurs.

## SCÈNE IX

### LES MÊMES, BELLEROSE **.

BELLEROSE. Claudine! chère sœur! Enfin... (*A Grippart et à La Déroute.*) Bonjour, les amis!

GRIPPART. Faut-il te laisser?

BELLEROSE. Oui... quelques instants. — Descendez... faites-vous servir ce qu'il vous plaira par Mériset.

GRIPPART. Boire sans toi... par exemple!

BELLEROSE. Va toujours.

GRIPPART. Tu l'exiges?

BELLEROSE. Je l'ordonne...

LA DÉROUTE. Obéissance.

GRIPPART, *saluant Claudine.* Mademoiselle... (*A Bellerose.*) A tout à l'heure, n'est-ce pas?

BELLEROSE. Oui... oui... allez.

LA DÉROUTE, *regardant Claudine, à part.* Ange!

*Grippart et La Déroute sortent.*

## SCÈNE X

### BELLEROSE, CLAUDINE ***.

CLAUDINE. Laisse-moi te regarder... à mon aise... je t'ai à peine vu... là-bas!... Savez-vous que vous êtes très-beau, mon frère... Je ne m'étonne pas que Suzanne...

BELLEROSE. Suzanne!...

CLAUDINE. Que je t'embrasse!...

BELLEROSE. Pour elle?

CLAUDINE. Eh bien, monsieur!...

BELLEROSE. Pour le père d'abord... pour toi ensuite...

*Il l'embrasse.*

BELLEROSE. Ah! ça fait du bien!

CLAUDINE. T'a-t-on dit que nous étions venues tantôt pour te voir?

BELLEROSE. On ne m'a rien dit. Tu n'étais donc pas seule?

CLAUDINE. Si... si!... toute seule.

BELLEROSE. Ne mens pas! chère Claudine... Ainsi elle était avec toi?

CLAUDINE. Eh bien oui!

BELLEROSE, *il la prend dans ses bras.* Ah! ma sœur!

CLAUDINE. Tu me fais mal... Tu serres pour deux, pour moi et pour elle...

BELLEROSE. Ah! chère petite Claudine!... Elle ne m'a donc pas oublié?

* Claudine, Grippart, La Déroute.

** Claudine, Bellerose, Grippart, La Déroute.

*** Bellerose, Claudine.

CLAUDINE. Oublié? Ecoute, Jacques, si tu étais oublié, serait-elle toujours si triste et si désolée? Ton nom n'est pas sur ses lèvres... mais il est dans son cœur... et il la ronge...

BELLEROSE. Continue.

CLAUDINE. Non. Je me repens presque d'avoir parlé! Tu n'as rien à espérer... Il vaut mieux nous taire... (Elle tire son mouchoir et s'essuie les yeux.) Je suis venue pour t'embrasser et non pour pleurer... sans compter que des larmes c'est peut-être bien du luxe...

BELLEROSE, [illegible] Comment?

CLAUDINE. Peut-être que tout en paraissant regretter Suzanne, tu ne manques pas de consolations?

BELLEROSE, plus inquiet. Qu'est-ce que tu veux dire?

CLAUDINE. Il y a peut-être des personnes, très-haut placées qui ne trouvent pas le sergent Bellerose trop à dédaigner.

BELLEROSE, impatienté. Encore une fois... que signifie?...

CLAUDINE. Cela signifie que lorsque nous sommes entrées ici tantôt... nous avons trouvé une belle dame (A part.) dont je ne dirai pas le nom...

BELLEROSE, rassuré. Une dame! ici! pour moi? Quelle folie!

CLAUDINE. Folie soit... mais toute folie n'est pas mensonge.

BELLEROSE. Claudine... n'insiste pas... tu finirais par me fâcher... Voyons, petite sœur, aucune dame... aucune... entends-tu bien, n'a le droit de venir ici... pour moi... je te le jure sur notre père... c'est-à-dire sur l'honneur...

CLAUDINE. Je te crois.

BELLEROSE. Mais elle! Suzanne... croira-t-elle aussi?... Mon Dieu! si elle allait supposer *! Oh! je tiens à lui expliquer... conduis-moi chez elle... viens...

CLAUDINE. Chez elle...

BELLEROSE. Puis-je la laisser avec un soupçon offensant pour elle... (Se reprenant.) Pour moi!...

CLAUDINE. Mais je ne sais si elle consentira...

BELLEROSE. Puisqu'elle est venue, pourquoi refuserait-elle de me recevoir?... Oh! ne crains rien... je ne lui parlerai point de notre passé. Je sais le respect que je dois à madame d'Alberghotti... mais elle ne m'a pas complétement oublié, tu me l'as dit, ne dois-je pas me contenter de ce bonheur... je n'en puis ambitionner d'autre... seulement si elle me croit... en faute... je me disculperai... et je n'aurai pas de peine... va... enfin je la verrai!... Songe donc que ce sera peut-être pour la dernière fois...

CLAUDINE. Ah! c'est vrai! la guerre!... Pauvre Jacques!... Si pourtant nous allions te perdre... non, n'est-ce pas?

BELLEROSE. Non... je te le jure... j'en ai le pressentiment.

CLAUDINE. Eh bien! prends mon bras, tu vas me reconduire chez nous... et je pense que Suzanne **...

BELLEROSE. Vous demeurez?

CLAUDINE. Rue du Pot-de-Fer... hôtel d'Artois...

BELLEROSE. Bien.

CLAUDINE. Quand nous serons arrivés tu attendras... il faut bien que j'aie le temps de prévenir Suzanne...

BELLEROSE. Oui... oui... viens...

CLAUDINE. N'oublie pas ce que tu m'as promis.

BELLEROSE. Tiens... par toi, par notre père... je fais serment de t'obéir en tout.

Il l'embrasse, lui prend le bras et l'emmène. Arrivés au fond, la porte s'ouvre vivement, Pierre paraît.

## SCÈNE XI

LES MÊMES, PIERRE, essoufflé ***.

PIERRE. Monsieur le sergent... c'est-à-dire non, monseigneur...

BELLEROSE. Que veut cet imbécile?

PIERRE. Imbécile!... C'est de moi que... ah! bon...

BELLEROSE. Répondras-tu?

PIERRE. Oui, monseigneur... vous vous apprêtez à sortir?

CLAUDINE. Sans doute ****.

PIERRE. Eh bien, ne sortez pas.

BELLEROSE. Comment?

PIERRE. Un seigneur de vos amis veut vous voir... affaire d'importance... Et tenez... il va vous dire lui-même...

* Claudine, Bellerose.

** Bellerose, Claudine.

*** Pierre, Bellerose, Claudine.

**** Bellerose, Pierre, Claudine.

## SCÈNE XII

LES MÊMES, D'ASSONVILLE *.

D'ASSONVILLE. Ah! j'arrive à temps, mademoiselle Claudine...

CLAUDINE. Monsieur d'Assonville. Vous avez à parler à mon frère. Je vous laisse...

BELLEROSE, à Claudine. Attends-moi... Pierre... je vous confie ma sœur.

PIERRE. A vos ordres... madame la marquise...

CLAUDINE. Marquise, moi...

BELLEROSE. Il est fou.

D'ASSONVILLE, à Bellerose. Ne fais pas attendre Claudine. Je vais avoir besoin de toi.

BELLEROSE, à Claudine. Je ne suis pas libre. Le service de notre protecteur me réclame. Retourne auprès de Suzanne... prépare-la à ma visite... j'irai le plus tôt possible **.

CLAUDINE. Monsieur d'Assonville, il faut que mon frère vous aime bien pour ne pas venir avec moi en ce moment.

D'ASSONVILLE. Ah! mon enfant, pour disposer ainsi que je le fais de sa personne il faut que moi-même...

L'émotion l'empêche de continuer.

CLAUDINE. Mon Dieu! vous aurais-je fait de la peine?...

D'ASSONVILLE. De la peine. . Ah! votre chère famille ne m'a jamais donné que du dévoûment... et de la consolation...

CLAUDINE. Alors vous me pardonnez...

D'ASSONVILLE. Je vous bénis, chère Claudine, vous et les vôtres.

CLAUDINE, à Bellerose. Mon Dieu! qu'il me paraît en peine! Fais pour lui ce que tu pourras, mais viens vite ***.

BELLEROSE. Ah! oui...

Il la reconduit, et court ensuite à d'Assonville.

## SCÈNE XIII

D'ASSONVILLE, BELLEROSE ****.

BELLEROSE. Nous sommes seuls, parlez, monseigneur.

D'ASSONVILLE. As-tu enfin une réponse?

BELLEROSE. Oui, monseigneur. Savez-vous où je l'ai reçue?

D'ASSONVILLE. Rue Cassette?

BELLEROSE. Non, ici, ici-même, le messager n'a point voulu se faire connaître *****.

D'ASSONVILLE, lisant à haute voix. « Ce soir à huit heures, la Castillane attendra. » (Avec joie.) Enfin!

BELLEROSE. Que dois-je faire?

D'ASSONVILLE. Aller au rendez-vous... et venir aussitôt me chercher... car elle voudra me parler... maintenant j'en suis sûr. Me trouver en sa présence! la revoir! mon Dieu!... à cette idée seule je tremble... le cœur me manque.

BELLEROSE. Comme vous l'aimez!...

D'ASSONVILLE. Ah! oui... toujours... Ami, le moment est venu de te confier mon secret tout entier. Ecoute! (Bellerose s'assied.) Il y a huit ans, la femme que tu as vue, la Castillane, je lui garde ce nom qui me rappelle tant de bonheur, était une jeune fille. Nous nous aimions, elle devint ma maîtresse... J'étais dans un camp opposé à ses parents... des gens froids, orgueilleux, cruels. Il fallait ajourner tout projet de mariage entre nous. La guerre me tint éloigné pendant plus d'une année. Je n'avais pu ni donner ni recevoir de nouvelles. Quand je revins, j'appris à la fois deux choses terribles!... elle était mariée... et notre enfant avait disparu.

BELLEROSE. Ah!...

D'ASSONVILLE. Toutes mes recherches demeurèrent infructueuses... partout... le mystère... Il parut certain que l'enfant était mort... La Castillane, qui jusque-là avait été douce, tendre, modeste, devint audacieuse, emportée... Elle se jeta dans le tourbillon des fêtes de la cour avec une ardeur qui semblait braver quelque chose ou quelqu'un...

BELLEROSE. On lui avait ravi son enfant... Elle l'aimait... elle cherchait à oublier.

D'ASSONVILLE. Ton cœur honnête a deviné. Oui... elle l'adorait ce pauvre petit être dont la vue lui faisait tout sup-

* D'Assonville, Bellerose, Claudine, Pierre.

** D'Assonville, Claudine, Bellerose, Pierre.

*** D'Assonville, Bellerose, Claudine, Pierre.

**** D'Assonville, Bellerose.

***** Bellerose, d'Assonville.

porter. C'était son refuge, son espérance, sa vie!... L'ayant perdu... elle prit le monde en haine... J'en suis sûr, sa gaîté est feinte... et son prétendu besoin de coquetterie n'est qu'un mensonge à l'aide duquel elle se leurre elle-même... Enfin... nous avions renoncé à nous voir, mais je pensais à elle toujours. Il y a un mois je reçus une lettre dans laquelle on m'invitait avec prière à venir recueillir des révélations qui m'intéressaient au plus haut point... Je me rendis à l'endroit que l'on me désignait... une misérable habitation dans un quartier désert... Je pénétrai dans une mansarde... là, sur un grabat, je trouvai un malheureux qui se mourait. Je me nommai. Quand il fut bien sûr que j'étais celui qu'il attendait, il m'apprit qu'il avait jadis été attaché au service du père de la Castillane, que, par son ordre, il avait enlevé l'enfant à la mère et que... Oh!

BELLEROSE. Et que?...

D'ASSONVILLE. Et qu'il s'était chargé de tuer le pauvre petit!...

BELLEROSE. Le tuer!...

D'ASSONVILLE. Rassure-toi... il n'en avait rien fait. Il avait élevé secrètement l'enfant. (Viennent tous deux à l'avant-scène.) L'homme était un Maltais depuis longtemps miné par la fièvre... sentant sa fin prochaine, il m'avoua tout. Quelques jours après il mourait, — pardonné et tranquille, — car il avait rendu à l'enfant son protecteur,... son père...

BELLEROSE. Dieu ait l'âme de ce malheureux!

D'ASSONVILLE. Ainsi Gaston, c'est le nom de mon fils, Gaston était vivant... A mon tour j'avais hâte d'instruire la mère, et voilà pourquoi je lui ai, par deux fois, demandé une entrevue. Elle a toujours refusé, ne sachant pas quel bonheur l'attendait. J'étais obligé de dissimuler ma précieuse nouvelle, car la moindre imprudence pouvait faire courir de nouveaux dangers à l'enfant et perdre sa mère, mariée à un très-grand seigneur... un tigre, celui-là: haineux, jaloux et lâche... Il vient d'arriver à Paris... dans quel but?... Soupçonne-t-il quelque chose?... Je ne sais... que penser?... Et je suis rappelé à l'armée! Que faire? à qui confier Gaston... en attendant que j'aie pu me concerter avec sa mère?...

BELLEROSE. Vous demandez à qui confier l'enfant? à Bellerose, à votre fidèle Bellerose, ou plutôt à sa sœur Claudine, qui se trouve là à point nommé et qui gardera votre trésor jusqu'au jour où vous en aurez disposé autrement.

D'ASSONVILLE. Je l'avoue, je pensais à toi; mais je ne pouvais deviner que le ciel enverrait Claudine à notre aide. Merci à elle et à toi. Voilà ce qu'il faut faire. D'abord nous allons chercher l'enfant, et nous le remettrons à Claudine.

BELLEROSE. Ensuite?

D'ASSONVILLE. Ensuite tu te rendras rue Cassette, où l'on te demande.

BELLEROSE. Donnez-moi une lettre.

D'ASSONVILLE. Non. Lirait-elle ce que j'écrirais? Tu parleras: cela vaudra mieux.

BELLEROSE. Que dirai-je?

D'ASSONVILLE. Tu diras que Gaston existe.

BELLEROSE. Supposons le cas où je ne parviendrais pas jusqu'à elle.

D'ASSONVILLE. Alors que Claudine emmène Gaston chez ton père, qu'elle en prenne soin... et que Dieu veille sur elle et sur lui.

BELLEROSE. Mais Claudine est exposée à ce que l'on vienne lui réclamer l'enfant, comment alors saura-t-elle à qui elle doit le rendre?

D'ASSONVILLE. C'est juste, attends. (Il va à la table et écrit.) Voilà une déclaration signée de ma main. Cette déclaration, on devra la représenter à Claudine. Sans cela, qu'elle résiste à toute demande... quelle qu'elle soit.

BELLEROSE. Donnez, monseigneur. (Il prend la plume.)

D'ASSONVILLE. Que veux-tu faire?

BELLEROSE. Contresigner ce que vous venez d'écrire. Pardon, Claudine s'y reconnaîtra mieux... et de la sorte, il ne pourra pas y avoir d'erreur.

D'ASSONVILLE. Ah! mon ami...

BELLEROSE. Maintenant, si vous le voulez, mettons-nous en route.

## SCÈNE XIV

LES MÊMES, GRIPPART, LA DÉROUTE*.

GRIPPART. Pardon, excuse... c'est qu'à force de nous rafraîchir...

* La Déroute, Grippart, Bellerose, d'Assonville.

BELLEROSE. Vous vous êtes échauffés...

LA DÉROUTE. Un brin.

GRIPPART. Et nous venions rappeler la petite partie... d'aujourd'hui.

BELLEROSE. Désolé... mes amis... mais elle est remise à ce soir...

GRIPPART. A ce soir... Ah! où te trouverons-nous?

BELLEROSE. Mais... à l'entrée de la rue Cassette.

D'ASSONVILLE, bas et vivement à Bellerose. Que fais-tu?...

BELLEROSE, bas. N'ayez pas d'inquiétu[illegible] langues discrètes, cœurs dévoués, bras solides... On [illegible] avoir besoin de tout cela, surtout si le mari... est aussi tigre que vous le dites.

D'ASSONVILLE, bas. Je m'en rapporte à toi.

BELLEROSE. Mes enfants, faites ici comme chez vous... à ce soir... sur les huit heures, où je vous ai dit...

Il sort vivement avec d'Assonville *.

LA DÉROUTE. Cassette!

GRIPPART. A ce soir, rue Cassette... drôle de rendez-vous. Après ça, il y a peut-être par là quelque guinguette en renommée... Bellerose est un malin.

LA DÉROUTE. Connaisseur!

GRIPPART. Pour lors, sergent, allons flâner par là en attendant l'heure **.

LA DÉROUTE, montrant l'alcôve. Et lui? Ficelé.

GRIPPART. Qui ça? (La Déroute entr'ouvre les rideaux de l'alcôve et montre Bouletord.) J'avais oublié.

LA DÉROUTE. Gênant.

GRIPPART, riant. Aime-t-il à faire celui qui est embarrassé, le sergent.

## SCÈNE XV

LA DÉROUTE, GRIPPART, MÉRISET, PIERRE***.

MÉRISET, rentrant. Ces messieurs n'ont besoin de rien... On m'a recommandé de... (A part.) Mais où donc est l'autre, celui qu'un des conspirateurs avait fait monter tantôt?... Ses compagnons sont en bas... ils s'impatientent...

GRIPPART, à Pierre qui est entré aussi. Laisse-les s'impatienter... approche... prends un bout du paquet... c'est l'ordre de mon supérieur; (A Mériset.) vous, l'autre... et que ces gens d'en bas portent cela à l'hôtel de monsieur de Charny.

LA DÉROUTE. Ah! ah!...

GRIPPART. Encore une drôle d'idée que vous avez eue, sergent!... eh! eh!

LA DÉROUTE. Spirituel!

MÉRISET, prêt à partir, et regardant le paquet. Qu'est cela?

GRIPPART, avec aplomb. Les bagages de mon supérieur.

Il les pousse. Ils remontent la scène avec leur fardeau.

PIERRE, portant Bouletord. Ça bouge! (Avec horreur.) C'est en vie!

MÉRISET, calme et content. Sois discret!... Nous sommes mêlés aux intrigues de la cour.

Ils disparaissent avec leur fardeau. Le rideau baisse.

---

# ACTE TROISIÈME

---

## QUATRIÈME TABLEAU

La rue Cassette. — A droite, un mur en coupe divisant la scène et laissant voir une cour intérieure. De l'autre côté, c'est-à-dire du côté extérieur du mur, la rue Cassette à l'angle de celle donnant sur le Luxembourg.

---

## SCÈNE PREMIÈRE

SUZANNE, CLAUDINE, PEUPLE, PASSANTS, HOMMES et FEMMES. — Le soir.

SUZANNE****. La nuit va venir, hâtons le pas.

CLAUDINE, regardant. Oui, Suzanne.

* La Déroute, Grippart.

** Grippart, La Déroute.

*** Mériset, Grippart, La Déroute, Pierre.

**** Claudine, Suzanne.

SUZANNE. Tu dis oui, et tu t'arrêtes. Que regardes-tu derrière toi ?

CLAUDINE. Je regarde si Jacques par hasard... Il me semble le reconnaître dans tout passant de sa taille et de son allure. Permettez.

*Elle regarde au loin.*

SUZANNE. Puisqu'il sait où nous demeurons, n'est-il pas plus simple de l'attendre au logis? J'ai eu tort de permettre cette entrevue : à quoi peut-elle servir? J'ai beaucoup pensé à Jacques, je l'avoue, mais je ne devrais pas, non je ne dois pas... et puis q[illegible]il t'affirme qu'il m'aime toujours, lorsqu'il te le jure, [illegible] trompe.

CLAUDINE. Lui, le pauvre garçon! Pourquoi dites-vous cela, grand Dieu!

SUZANNE. Pourquoi? ne le devines-tu pas?

CLAUDINE. Oh! ma foi non.

SUZANNE. Eh bien, cette femme que nous avons trouvée chez lui...

CLAUDINE, *à part*. Là! (*Haut avec négligence, riant.*) Ah! ah! cette duchesse! voilà ce qui vous fâche contre ce pauvre Jacques! mais il ne l'a jamais vue, il ne la connaît pas. Ah! ça, par exemple, j'en réponds, et vous savez que vous pouvez croire à ma parole. Je n'ai jamais fait un mensonge de ma vie.

SUZANNE. C'est vrai, Claudine, je te rends cette justice. Mais alors pourquoi venait-elle dans cette hôtellerie, dans sa chambre?

CLAUDINE. Pourquoi, je n'en sais rien. Peut-être pour le questionner sur un autre, sur quelque officier du régiment; il n'y aurait rien d'impossible. Elle s'est peut-être trompée d'appartement, mais croire qu'une dame de la cour soit assez effrontée, assez simple aussi, pour donner en plein jour des rendez-vous à un pauvre sergent d'artillerie?

SUZANNE. Tu as peut-être raison. Oui, Claudine, je ne demande qu'à être rassurée*. (*Vivement.*) Et puis enfin cela ne me regarde pas.

CLAUDINE, *à part, souriant*. Ça ne la regarde pas! (*Haut.*) Vous allez voir Jacques, il se justifiera et vous resterez convaincue comme je le suis qu'il n'y a et qu'il n'y aura jamais pour lui qu'une femme au monde, vous!

SUZANNE. Tais-toi. Cette fois rentrons.

*Au moment où elles se mettent en marche, Charny qui les guettait s'approche.*

## SCÈNE II

### LES MÊMES, CHARNY **.

CHARNY. Madame la comtesse d'Alberghotti, si je ne me trompe pas?

SUZANNE. Monsieur!

CHARNY. Je n'ai point la bonne fortune d'être connu de vous, madame. Permettez-moi de me présenter moi-même : monsieur de Charny, à qui monsieur de Louvois veut beaucoup de bien. Je le quittais l'autre jour, (le jour de la réception à Saint-Germain) au moment où vous veniez d'offrir à Sa Majesté...

CLAUDINE, *interrompant, à Suzanne*. C'est celui qui vous faisait des compliments à tour de bras.

CHARNY, *faisant l'aimable*. Moi-même. Ce n'est pas précisément à tour de bras, que je... que j'ai été assez heureux pour me faire l'interprète de l'opinion unanime, et je...

CLAUDINE, *sur un signe de Suzanne, l'interrompant*. Votre servante, monsieur.

*Suzanne salue et se dispose à sortir.*

CHARNY, *l'arrêtant avec respect*. Madame, accordez une faveur au plus respectueux de vos serviteurs.

*Suzanne s'arrête étonnée.*

CLAUDINE, *à Suzanne*. Monsieur réclame une faveur.

CHARNY. Souffrez que je vous conduise à votre hôtel : des dames seules...

CLAUDINE. Nous allons toujours seules, là-bas; au besoin je saurais défendre Suzanne et moi avec.

CHARNY, *insistant près de Suzanne*. Madame la comtesse...

SUZANNE. Mes remercîments, monsieur, nous demeurons tout près d'ici et je désire n'être pas accompagnée.

CHARNY, *saluant*. Madame... (*A part.*) C'est dommage! enfin la connaissance est un peu ébauchée. C'est toujours cela. Tiens, monsieur le duc!

* Suzanne, Claudine.

** Suzanne, Claudine, de Charny.

## SCÈNE III

### CHARNY, LE DUC DE CHATEAUFORT*.

LE DUC. J'ai lu votre rapport, merci. En jouant un mauvais tour à Bouletord, les camarades du sergent m'ont rendu un service dont ils ne se doutent pas. Dans l'alcôve où on l'a jeté, Bouletord a pu recueillir des révélations précieuses. Je vais agir en conséquence. D'abord, grâce à de nouvelles réflexions que j'ai faites, j'entends me charger moi-même de monsieur d'Assonville. Je le provoquerai directement. Je vous laisse le sergent Bellerose.

CHARNY. Puis-je dire à Bouletord qu'il a le champ libre de ce côté?

LE DUC. Libre absolument.

CHARNY. Notre fidèle Bouletord va être bien heureux et je m'en réjouis. Faire des heureux, c'est si doux!

LE DUC. On vient de ce côté.

CHARNY. Traversons la rue, mes hommes sont là!

LE DUC. Je vous suis.

*Au moment où il va sortir au fond, le duc s'arrête en voyant une chaise à porteurs entrer par la gauche. — La chaise est précédée par des laquais en grande tenue et portant des torches allumées.*

LE DUC, *s'approche d'un laquais*. Mais je ne me trompe pas, c'est ma livrée.

*La lumière frappe sur le visage du duc. La duchesse a regardé par la fenêtre de la litière et le reconnaît.*

LE DUC, *revenant à Charny*. Evitons cette rencontre.

*Au moment où il va s'échapper par le côté opposé, Camille s'avance vers le duc **.*

CAMILLE, *au duc*. Madame la duchesse a reconnu monsieur le duc et désire lui parler.

LE DUC, *à part*. La duchesse! C'était... (*Haut.*) Je lui présenterai mes hommages demain à l'hôtel.

LA DUCHESSE, *qui est descendue, s'approchant*. Pourquoi demain?

LE DUC ***. Madame...

LA DUCHESSE. En vérité, je ne m'attendais pas à cette surprise, à ce plaisir. Je reviens des petits appartements où il y a eu réception. Je croyais rentrer seule comme à l'ordinaire, et vous étiez à Paris! et je ne m'en doutais pas! D'où vient un tel mystère?

LE DUC. Le service de Sa Majesté, une mission secrète.

LA DUCHESSE, *raillant*. Vraiment! Eh bien, moi, je soupçonne qu'il s'agit d'un tout autre service que celui du roi.

LE DUC. Je ne comprends pas.

LA DUCHESSE. Oh! si vous me forcez à m'expliquer...

LE DUC. Ce n'est ni le lieu ni le moment.

LA DUCHESSE. Soit, un mot seulement et réfléchissez-bien à ce mot.

LE DUC. Voyons le mot.

LA DUCHESSE. Le voici : ne vous attaquez jamais à moi, cela vous porterait malheur!

LE DUC, *ricanant*. J'ai l'habitude, ce me semble, de vous laisser à vos affaires que j'ignore et à vos plaisirs dont je ne puis être le confident. Cela ne vous suffit-il pas ****?

LA DUCHESSE. Ne discutons pas, vous l'avez dit : ce n'est ni le lieu ni l'heure. D'ailleurs, à quoi bon discuter? Il n'est point de terrain où nous puissions discuter, nous entendre. Vous avez du crédit, mais il est d'une espèce particulière. Le mien est d'autre sorte. Je ne vous engage pas à mettre votre enjeu contre le mien.

LE DUC. Des menaces!

LA DUCHESSE. Des avertissements. Je ne puis ni ne dois engager la lutte sans nécessité. Mon rôle est d'attendre. Je le répète, ce sont de simples avis que je donne, des conseils sages, indispensables. Puisque nous parlons affaires et plaisirs, je n'ai nul souci de ce qui vous regarde. Le jour où vous avez laissé tomber votre masque, vous êtes devenu un étranger pour moi. Je ne vous hais même pas : fi donc!

LE DUC. Madame la duchesse!

LA DUCHESSE. Mais si vous me tendez un piége, soyez averti, monsieur de Châteaufort, je suis sur mes gardes.

LE DUC. Est-ce tout?

LA DUCHESSE. C'est tout!

LE DUC. A demain, madame.

LA DUCHESSE. A demain! Restez et remplissez votre mission secrète. (*Bas à Camille.*) Cours à la petite maison par l'autre

* De Charny, le duc de Châteaufort.

** Le Duc, la Duchesse, de Charny, au fond.

*** Le Duc, la Duchesse, de Charny, Camille.

**** De Charny, le Duc, la Duchesse, Camille.

entrée. Attends-moi. Le duc a des soupçons, je veux savoir à quoi m'en tenir. (Haut à ses laquais en remontant dans sa chaise.) A l'hôtel *!

CHARNY, au duc. Les ordres de monsieur le duc restent-ils les mêmes? Devons-nous agir?

LE DUC. Plus que jamais. *Ils sortent.*

## SCÈNE IV

LA DÉROUTE, GRIPPART, entrent du fond droite **. Ils sont un peu gris.

GRIPPART. C'est par ici, oui, ça doit être par ici. Sergent, êtes-vous là?

LA DÉROUTE. Là.

GRIPPART. Comment savoir, fin finale, si nous sommes bien à l'endroit convenu? (Il aperçoit un homme passer avec un falot. Il l'appelle.) Hé! l'homme***.

L'HOMME. Hein?

GRIPPART. Rue Cassette?

L'HOMME. Vous y êtes.

LA DÉROUTE. Merci.

L'HOMME. Il n'y a pas de quoi. *Il s'arrête à les regarder.*

LA DÉROUTE. Fatigué! sommeil.

*Il se couche à terre, la tête appuyée contre une borne ****.*

L'HOMME, à Grippart. Le camarade est un peu parti.

GRIPPART. Parti? Ah bien! ces gens de Paris ont des expressions à eux.

L'HOMME, à Grippart. S'il reste là, votre ami, il s'expose à être écrasé. Les maraîchers vont venir, ils ne sont pas bien éveillés non plus ceux-là.

GRIPPART. Tu as raison, l'homme. Une idée! vends-moi ta lanterne.

L'HOMME. Vendre ma lanterne?

GRIPPART. Oui, vendre : je ne dis pas donner. Veux-tu une belle pièce de trente sous?

L'HOMME. Tout de même.

*Il donne la lanterne et prend l'argent. Grippart met la lanterne auprès de La Déroute.*

GRIPPART. Là, maintenant je suis tranquille. Merci l'homme, et bonsoir.

L'HOMME. Bonne nuit. C'est-y amusant les ivrognes. Il n'y a qu'eux pour avoir des idées.

GRIPPART. Maintenant, allons un peu à la découverte.

*Il s'éloigne vers le fond.*

L'HOMME. Il s'en va! je reprends la lanterne.

*Il se baisse pour la reprendre. La Déroute se lève tout à coup et lui donne un renfoncement. L'homme roule par terre.*

LA DÉROUTE. Filou!

GRIPPART, revenant vivement *****. Qu'y a-t-il?

LA DÉROUTE. Prenait lanterne.

GRIPPART. Voyez-vous ça. Ah! le coquin! (Il le poursuit. — L'homme se sauve. Grippart revenant à La Déroute.) Tu ne dormais donc pas?******

LA DÉROUTE. Si, d'un œil...

GRIPPART, émerveillé. Ah! est-il malin, le sergent!

## SCÈNE V

LES MÊMES, D'ASSONVILLE, BELLEROSE*******.

GRIPPART, apercevant Bellerose et d'Assonville. Les voilà!

LA DÉROUTE. Bellerose!

BELLEROSE. Pas de bruit. (Il va regarder de tous côtés, et finit par s'arrêter devant la petite porte du mur. — Il l'examine et revient à d'Assonville.) C'est là, voici la petite porte********.

D'ASSONVILLE. Oui, je la reconnais.

BELLEROSE. Je ne puis plus me tromper. Je marcherais les yeux fermés. (A d'Assonville.) Voyons, maintenant concertons-nous bien. Je vais porter l'enfant à ma sœur, comme nous en sommes convenus. Vous m'attendrez, car si vous étiez avec moi, cela finirait par éveiller des soupçons. Ensuite je reviens, je frappe là, je demande la Castillane, je lui raconte tout.

* De Charny, le Duc.
** Grippart, La Déroute.
*** L'homme, La Déroute, Grippart.
**** La Déroute, Grippart, l'homme.
***** La Déroute, l'homme, Grippart.
****** La Déroute, Grippart.
******* La Déroute, Grippart, Bellerose, d'Assonville.
******** La Déroute, Grippart, d'Assonville, Bellerose.

D'ASSONVILLE. C'est bien cela.

BELLEROSE. Si elle veut l'enfant, je cours prévenir Claudine qui le lui amène.

D'ASSONVILLE. Et moi, si elle m'autorise à me présenter, tu viens me chercher.

BELLEROSE. A la seconde! tout est bien compris, n'est-ce pas? (D'Assonville lui fait un signe affirmatif. A Grippart et à La Déroute.) Holà! vous autres, tâchez de vous réveiller, voilà le moment d'agir *.

LA DÉROUTE, se levant. Debout! à l'ordre!

BELLEROSE. Vous allez m'accompagner tous les deux. Vous resterez en faction à l'endroit où je vous placerai, vous ne bougerez pas jusqu'à ce que je vous appelle. Faites bien attention au chemin que nous allons prendre et à la maison où nous nous arrêterons, parce qu'après y être allés il faudra en revenir, et sans commettre d'erreur.

LA DÉROUTE. Comprends pas.

GRIPPART. Ça ne fait rien. (A Bellerose.) On se débrouillera.

BELLEROSE, à d'Assonville. Confiez-moi l'enfant.

GRIPPART. Un enfant! il y a un enfant!

BELLEROSE. Eh! oui, tais-toi!

LA DÉROUTE, montrant l'enfant. Fait dodo!

GRIPPART. Voici le chérubin.

D'ASSONVILLE. Il est beau, n'est-ce pas? (Il le donne à Bellerose.) Prends garde de le réveiller.

BELLEROSE. N'ayez pas d'inquiétude.

D'ASSONVILLE, embrasse délicatement l'enfant. Pauvre petit! je ne sais pas ce que j'éprouve : j'ai comme un pressentiment que je ne le verrai plus.

BELLEROSE. Ah! les vilaines idées! du courage donc, cher seigneur. Est-ce que le bon Dieu ne le protége pas visiblement? Allons, à tout à l'heure **! Vous, les amis, entourez-moi bien, et si par hasard on en voulait à notre trésor, mille gargousses, pas de quartier.

LA DÉROUTE. Pas de quartier!

BELLEROSE. Grippart, prends le falot et éclaire le chemin.

GRIPPART. Voilà.

BELLEROSE. En route!

TOUS. En route! *Ils sortent à droite.*

## SCÈNE VI

D'ASSONVILLE, un moment seul, puis LE DUC.

D'ASSONVILLE. Les braves cœurs! (Trois sbires entrent et se placent, un à droite, un au milieu, un à gauche.) Bellerose a raison : jusqu'à présent tout a réussi au delà de mes espérances. (Il se retourne et se met sur ses gardes.) Que voulez-vous? Arrière! arrière, vous dis-je!

LE DUC, paraissant avec de Charny ***. Vous n'avez pas affaire à des assassins, monsieur d'Assonville.

D'ASSONVILLE. Vous qui me nommez, qui êtes-vous?

LE DUC. Je suis un ennemi de longtemps qui ne vous avais pas pardonné, mais qui cherchais à vous oublier. Il vous a plu de vous jeter de nouveau dans son chemin, malheur à vous!

D'ASSONVILLE. Mais qui donc êtes-vous?

LE DUC, tirant son épée. Vous allez le savoir. Des lumières! (Trois autres sbires entrent avec des torches et se placent à côté des trois qui sont armés.) Allons, en garde, monsieur d'Assonville, je suis le duc de Châteaufort.

D'ASSONVILLE. Vous! un duel! cette fois ce ne sera donc pas un assassinat!

LE DUC, féroce. En garde!

*Ils ferraillent. Au moment où d'Assonville force le duc à reculer, de Charny lui retient le bras et le duc tue d'Assonville.*

CHARNY, s'approchant. Mort!

LE DUC. Emportez cet homme.

*Les hommes obéissent. — Tous sortent.*

## SCÈNE VII

BELLEROSE, LA DÉROUTE****.

BELLEROSE. Il m'avait semblé de loin voir des lumières et des hommes armés. Plus rien. Aperçois-tu quelque chose, toi, La Déroute?

*Ils cherchent en s'éloignant l'un de l'autre, puis se rapprochent.*

* La Déroute, Grippart, Bellerose, d'Assonville.
** La Déroute, Bellerose, Grippart, d'Assonville.
*** De Charny, le Duc, d'Assonville.
**** Bellerose, La Déroute.

LA DÉROUTE. Non.

BELLEROSE, appelant à voix basse. Monsieur d'Assonville! monsieur d'Assonville * ! (Il cherche à tâtons, il prend par erreur le bras de La Déroute.) C'est vous? tout marche à merveille; Suzanne et Claudine ont très-bien pris la confidence. L'enfant est allé de lui-même dans leurs bras. Ils vont s'adorer, ces êtres-là. Grippart ramènera Claudine s'il le faut.

LA DÉROUTE. Tant mieux.

BELLEROSE. La Déroute! c'était toi! et tu ne me disais rien!

LA DÉROUTE. J'écoutais.

BELLEROSE. Eh bien, maintenant, aide-moi à savoir ce qu'est devenu monsieur d'Assonville. Non, tu ferais trop de bruit. Je vais... (Il se dirige du côté de la petite porte, puis il se ravise.) Ah! d'abord, mets-toi là. (Il le place à la coulisse opposée au mur.) Pas comme ça; mais il faut tourner le dos; tu y es. Ne t'occupe pas de moi. Quoi qu'il arrive ici sur cette place, n'y fais pas attention. Cela ne te regarde pas : sois sourd, sois aveugle.

LA DÉROUTE. Sourd et aveugle. Fixe!

BELLEROSE. Cependant si tu aperçois quelque chose de suspect par là, tu crieras.

LA DÉROUTE. A la garde!

BELLEROSE. A la garde, si tu veux. C'est bien convenu?

LA DÉROUTE. Convenu.

Bellerose traverse le théâtre et frappe à la petite porte.

LA DÉROUTE. Entrez!

BELLEROSE. Mais c'est moi qui frappe.

LA DÉROUTE. Erreur. *Il se remet en faction.*

BELLEROSE. Puisque je te dis d'être aveugle et sourd, sourd, entends-tu?

LA DÉROUTE. Pas l'habitude.

BELLEROSE. C'est bon, silence!

Camille vient ouvrir la lucarne de la petite porte.

CAMILLE **. Que veut-on?

BELLEROSE. La Castillane.

CAMILLE. Qui êtes-vous?

BELLEROSE. Bellerose.

CAMILLE. Le sergent Bellerose! Attendez, je reviens.

LA DÉROUTE. On a parlé! Regarde pas ***!

Bouletord suivi de ses shires se glisse le long du mur. Il s'approche sans bruit de Bellerose et le poignarde, puis il se sauve.

BELLEROSE, d'une voix étouffée. Ah! ah!

Il s'appuie contre la porte derrière laquelle on a vu la duchesse masquée conduite par Camille. — Camille a ouvert la porte, Bellerose l'ouvre par le poids de son corps; il fait un pas dans la cour et tombe. Camille se hâte de refermer la porte. Bellerose, Camille et la duchesse sont de l'autre côté du mur.

LA DÉROUTE. Gémissements! non!

Il se remet en faction dans la pose indiquée.

## SCÈNE VIII

LES MÊMES ****, CLAUDINE, conduite par GRIPPART.

CLAUDINE, appelant. Jacques, mon frère, où es-tu?

GRIPPART. Je ne vois pas Bellerose. (A La Déroute qui a le dos tourné.) Hé! La Déroute! m'entends-tu?

LA DÉROUTE. Sourd!

GRIPPART. Tu nous vois, au moins?

LA DÉROUTE. Aveugle!

GRIPPART. Répondras-tu?

LA DÉROUTE. Muet! consigne!

CLAUDINE, appelant. Mon frère! Jacques! qu'est-ce que cela signifie? (A Grippart et à La Déroute.) Mais dites-moi donc où est mon frère? Rendez-le moi, je le veux.

GRIPPART. Je suis aussi surpris que vous, mademoiselle. Je le quitte à l'instant; cet animal de La Déroute doit savoir ce qui s'est passé.

LA DÉROUTE. Animal! paiera ça!

GRIPPART, à Claudine montrant La Déroute. S'il ne parle pas c'est qu'il a un ordre; celui-là ne connaît que l'obéissance. Il y a quelque manigance dont Bellerose a le secret. Laissez-le faire, ne vous mettez pas en peine.

CLAUDINE. Ah! j'ai le cœur serré, j'étouffe! je sens là qu'il est arrivé un malheur. (Pleurant.) Mon Dieu! mon Dieu! aie pitié de nous! (Furieuse.) Mais ça ne se passera pas comme ça, je retrouverai Jacques, quand je devrais bouleverser tout Paris!

Pendant ce temps la duchesse a fait signe à des laquais qui ont soulevé Bellerose évanoui. La duchesse indique qu'il doit être conduit dans l'intérieur de la maison. De l'autre côté du mur, Claudine arpente la scène avec égarement.

Le rideau baisse.

* La Déroute, Bellerose.

** La Déroute, Bellerose, Camille.

*** La Déroute, Bouletord, Bellerose, Camille.

**** La Déroute, Grippart, Claudine, Bellerose, Camille.

---

## CINQUIÈME TABLEAU

Une chambre de la maison de la rue Cassette.

## SCÈNE PREMIÈRE

CAMILLE, DAME ETIENNETTE *.

CAMILLE. Eh bien, notre malade?

DAME ETIENNETTE. De mieux en mieux. Le médecin a dit qu'il fallait le garder deux jours encore, mais lui il veut à toute force s'en aller...

CAMILLE. Ah!...

DAME ETIENNETTE. Toute la journée, il a fureté dans la maison, cherchant à ouvrir les portes et les fenêtres., il a été jusqu'à me menacer, moi sa fidèle garde-malade. Lorsqu'il a vu que j'étais enfermée ainsi que lui, il m'a fait ses excuses, et comme il était très-faible il s'est endormi tout habillé sur son lit.

CAMILLE. Pauvre madame Etiennette! votre esclavage va finir... voici l'heure où madame la duchesse vient elle-même vous relever de vos fonctions... Allez vous reposer... j'attendrai madame.

DAME ETIENNETTE. Oh! je ne souffrirai pas que notre bonne duchesse continue à prendre tant de peines!... C'était bien les premières nuits... quand on pouvait croire que notre blessé allait périr... mais maintenant... c'est différent...

CAMILLE. J'entends du bruit en bas... C'est madame... de la lumière... vite...

ETIENNETTE, prenant le flambeau allumé. Voilà! voilà!

Elles sortent par le fond.

## SCÈNE II

BELLEROSE, entrant dans l'obscurité.

Où suis-je? Ah! dans le salon qui précède ma chambre, je le reconnais. Singulière aventure! Hier je me suis levé pour la première fois depuis... ma foi je ne sais depuis quand! (Il s'assied à droite.) Lorsque j'ai repris connaissance après un long évanouissement, j'étais dans un bon lit. Une femme me soignait — une femme vieille et laide — j'ai fermé les yeux « Sauvé! » a-t-elle dit avec joie... (Il se lève et prend le milieu de la scène.) L'intérêt que semblait me porter cette inconnue m'a fait rouvrir un œil. La vieille m'a paru moins laide. — Depuis, je m'y suis habitué. Et puis quelle garde-malade! que d'attentions! que d'empressement le jour et la nuit!... c'est-à-dire, la nuit... il m'a semblé qu'une autre femme venait la remplacer — une femme, non, une vision céleste... Qu'elle était belle!... allons! ce n'était qu'une illusion de ma fièvre. Maintenant la raison m'est revenue avec les forces. Il s'agit de reprendre mon existence et ses obligations, (Il va à la gauche.) au moment où elle s'est arrêtée rue Cassette, grâce à ce fameux coup de poignard de je ne sais quel coquin que je découvrirai tôt ou tard... Au fait, qu'est-ce qui pouvait m'en vouloir aussi... mortellement? (Il passe à droite.) Pour ce qui me concerne je ne vois pas... Ah!... monsieur d'Assonville peut-être, c'est... oui, ce doit être cela!... Cher protecteur, ce sont vos ennemis qui ont fait le coup. (Il va à gauche.) Ils savaient combien je vous suis dévoué et... oui... oui... Ah! mon Dieu! et la mission que je devais remplir auprès de la Castillane... vite, vite, réparons le temps perdu. Courons à la rue Cassette! (Va à droite, il s'arrête en entendant du bruit.) Des voix de femmes... bah!... non... sachons d'abord à qui j'ai eu affaire ici!...

Il se jette précipitamment sur un canapé à gauche et feint de dormir.

* Camille, dame Etiennette.

## SCÈNE III

BELLEROSE, *sur le canapé,* LA DUCHESSE, CAMILLE*, *un flambeau à la main.*

LA DUCHESSE, *elle s'approche de la chambre de Bellerose.* Je n'entends... rien... il dort. Est-il vrai qu'il ait témoigné l'intention de partir?

CAMILLE. Dame Etiennette l'affirme.

LA DUCHESSE, *descendant à l'avant-scène.* Quelle imprudence**!

CAMILLE. Dans tous les cas, il ne s'en ira que si madame le permet. La maison est disposée pour la défense au dehors et la conservation au dedans... Prisonniers d'Etat ou prisonnières d'amour sont également bien gardés ici...

LA DUCHESSE, *pensive,* Prisonnier d'amour... as-tu dit?

CAMILLE, *souriant.* Dame!

LA DUCHESSE. Non! Quelle folie! Ce jeune homme m'intéresse... Je ne crains pas de te l'avouer... mais...

CAMILLE. Et moi, madame... je crois... qu'un sentiment plus tendre...

LA DUCHESSE. Sa fierté, sa jeunesse m'avaient frappée. Sa franchise, son dévouement, son péril me touchèrent! Dans le soldat, dès notre première rencontre, j'avais reconnu un cœur de gentilhomme. Serait-il étonnant que la curiosité, l'intérêt, mille sensations confuses et inexplicables autant qu'inexpliquées, *(Elle se retourne et voit Bellerose.)* Ciel!

BELLEROSE. Pardon!... J'ai entendu et cependant il me semble que je rêve encore!

LA DUCHESSE. Fatalité!

BELLEROSE. C'était donc vrai... c'est bien vous que j'avais vue! Le voilà ce beau visage que voilaient les longs anneaux d'une chevelure embaumée!

LA DUCHESSE. Par grâce, taisez-vous.

BELLEROSE. Puis-je me taire lorsque vous-même tout à l'heure...

LA DUCHESSE. Oubliez ce que j'ai pu dire. Ne cherchez jamais à savoir...

BELLEROSE. Je sais que vous m'avez sauvé. — Comment! que m'importe, qui vous êtes?... une noble dame! Cela se devine et se voit. Votre nom? Je ne veux point le connaître. Restez mon rêve enchanté. Dans ce rêve vous vous appelez grâce, beauté, bienfaisance! Ah! madame, laissez-moi vous remercier à genoux!... *Il tombe à ses pieds.*

## SCÈNE IV

LES MÊMES; SUZANNE *entre du fond et les voit.*

BELLEROSE, *passe à gauche****.* Suzanne!

LA DUCHESSE, *la reconnaissant.* Vous ici, madame? quelle audace! et comment a-t-on permis?...

SUZANNE. N'accusez point vos gens: un ordre de monsieur de Louvois a triomphé de leur résistance.

LA DUCHESSE. Un ordre de monsieur de Louvois!...

SUZANNE. J'ai eu recours à lui, oui, et je vais vous expliquer pourquoi madame la duchesse de Châteaufort...

BELLEROSE, *étonné.* La duchesse de Châteaufort!

*La duchesse fait un signe à Camille qui sort****.*

SUZANNE, *continuant.* Claudine, la sœur du sergent Bellerose, est ma seule amie en ce monde. A force de chercher inutilement son frère, elle devenait folle. Elle le croyait mort, assassiné comme monsieur d'Assonville...

BELLEROSE. Assassiné!

LA DUCHESSE, *à part.* Mon Dieu! *(Haut.)* Sait-on qui a commis ce crime?

SUZANNE. Je n'ose dire qui je soupçonne. Après ce terrible événement, je ne voyais partout que piéges, trahisons, meurtres. *(A Bellerose.)* Claudine voulait mourir. C'est alors que je lui fis le serment de vous retrouver. L'idée me vint d'aller jusqu'à monsieur de Louvois, en réclamant de lui le secret. Il m'a engagé sa parole... il vous a fait surveiller, madame, et il a su que vous donniez mystérieusement vos soins à un blessé dont le nom restait ignoré. Une voix intérieure m'a avertie que ce blessé ne pouvait être que le frère de Claudine... je suis accourue. Devant moi les portes se sont ouvertes et j'ai vu... Ah! madame, croyez que je ne venais pas ici pour surprendre votre secret!

BELLEROSE. Suzanne... ne m'accusez pas...

LA DUCHESSE, *interrompant.* Madame, vous n'avez surpris aucun secret, et je n'accepte de vous aucune excuse. Vous vous êtes introduite chez moi par ruse et par trahison, gonflée de haine, approvisionnée de calomnies et couvrant de prétextes transparents votre but qui est de reconquérir un amant.

SUZANNE. Madame!...

LA DUCHESSE. Mais il faut — souvenez-vous de ceci, — il faut avoir la conscience nette pour jeter à autrui la première pierre. Vous m'accusez d'une passion coupable, mais vous, madame, vous aimez aussi!

SUZANNE. Je n'aime pas comme vous! Celui qui est là pour nous entendre le sait bien... Je serais morte plutôt que de ternir sa vie et la mienne de l'ombre d'une faute. Et lui, j'aurais mille fois préféré le voir mourir bravement à son poste devant l'ennemi que de le garder, dans l'égoïsme de ma tendresse, au mépris de son devoir et de son honneur!

BELLEROSE. Mon Dieu!... que dites-vous? Pourquoi parlez-vous d'honneur et de devoir?

SUZANNE. Je dis que votre régiment a vu trois fois l'ennemi depuis votre absence.

BELLEROSE. Mon régiment!... l'ennemi!... mais nous sommes en paix!

SUZANNE. En paix! La moitié de la Flandre est conquise et l'armée descend vers le Rhin.

BELLEROSE. Dites-vous vrai! c'est impossible!

SUZANNE. Jacques Grinedal avait pourtant dit bien haut que son plus cher désir était de voir une bataille!

BELLEROSE. Jacques Grinedal disait vrai.

SUZANNE. Il a changé d'avis alors...

BELLEROSE, *fiévreux.* Madame...

SUZANNE. Il a changé d'avis, parce que si un amour digne et pur élève l'âme, une passion coupable et indigne abaisse le cœur...

LA DUCHESSE, *passe au milieu**.* Assez, madame. — Puisque vous êtes venue chercher la vérité jusqu'ici, apprenez-la tout entière. Il n'y a d'autre coupable que moi. — Votre ami d'enfance n'a trahi ni ses sentiments pour vous ni son devoir de soldat. L'intérêt qu'il m'avait inspiré est seul cause de ce qui arrive. Il était mourant; je n'ai songé qu'à son existence. Je lui ai fait croire qu'il avait obtenu une prolongation de congé!...

BELLEROSE. Ce n'était donc pas vrai!...

LA DUCHESSE. Non...

BELLEROSE, *à la duchesse.* Ah! madame! qu'importait ma vie? c'est mon honneur qu'il fallait sauver!...

LA DUCHESSE, *à Suzanne.* Êtes-vous persuadée maintenant?

SUZANNE. Hélas! ce n'est pas moi qu'il faudrait convaincre. Le nom de Jacques Grinedal a été proclamé autour du camp parmi les noms des lâches qui avaient abandonné le drapeau...

BELLEROSE, *prend le milieu.* Lâche! lâche! moi**!...

SUZANNE. Jacques, vous êtes le fils d'un honnête homme... vous êtes le frère de ma fidèle Claudine. C'est en raison de ces chers souvenirs que je suis venue... vous êtes averti, éclairé, ma dette à votre père, à votre sœur est payée... Que le ciel vous protége!... adieu!...

BELLEROSE, *la retenant.* Non... un moment encore... un seul... par pitié, écoutez-moi. Il ne doit pas vous rester un doute. Je vous jure que j'ai tout ignoré. Ces jours que vous me reprochez, je les ai passés sur un lit de souffrance. Tout à l'heure, quand vous m'avez vu aux pieds de la noble femme qui a veillé au chevet de mon agonie, c'est que je voyais pour la première fois son visage et que je ne l'avais pas encore remerciée... Mon Dieu! si je vous dis cela, c'est pour garder votre estime, puisqu'il m'est défendu d'espérer autre chose de vous qui appartenez à un autre...

SUZANNE. Je suis veuve!

BELLEROSE. Veuve!...

SUZANNE. Sans cela, aurais-je osé me présenter ici?

BELLEROSE, *à la duchesse.* L'avez-vous entendue, madame, elle est veuve, elle est libre, et moi je vais mourir.

LA DUCHESSE. Mourir!...

BELLEROSE. Déshonoré! je suis un déserteur!

LA DUCHESSE. Non, c'est impossible... on ne touchera pas à un cheveu de votre tête. *(A Suzanne.)* Madame, unissons-nous pour le sauver. Le voulez-vous?...

* Bellerose, Camille, la Duchesse.
** Bellerose, la Duchesse, Camille.
*** Bellerose, Suzanne, Camille, au-dessus, la Duchesse.
**** Bellerose, Suzanne, la Duchesse.

* Bellerose, la Duchesse, Suzanne.
** La Duchesse, Bellerose, Suzanne.

SUZANNE, prend le milieu *. Le sauver ?

BELLEROSE. Quand vous obtiendriez ma grâce, quand vous me feriez accorder la vie, pourriez-vous effacer la honte dont je suis couvert !...

LA DUCHESSE. Cette honte est mensonge ! La vérité prévaudra... ce qu'il faut, c'est la réhabilitation pleine et entière... j'ai du crédit... nous l'aurons !...

BELLEROSE. Madame, tant de générosité me touche... je n'ai pas le cœur de vous rien reprocher... Mais vous, Suzanne, vous ne m'avez point pardonné...

SUZANNE. Il faut vous éloigner à l'instant. Faites votre devoir.

BELLEROSE. Oui, je vais me livrer à mes juges, mais laissez-moi emporter un mot de vous, un mot qui soit ma joie, à l'heure de la mort...

SUZANNE. Ah !...

BELLEROSE. Vous ne répondez pas, cependant vous pouvez tout dire puisque Dieu a écarté l'obstacle qui nous séparait.

SUZANNE. Partez, je vous en supplie. Chaque instant de retard ajoute à vos torts.

BELLEROSE. Oui, je pars... mais puisque vous ne voulez pas me répondre, c'est que vous me cachez quelque chose qui me ferait trop de peine à entendre... c'est par pitié que vous vous taisez !... Eh bien... Suzanne, chère et adorée compagne de mon enfance !... Suzanne, sourire de ma jeunesse... pas un murmure ne s'échappera de mon cœur, si vous me déclarez que j'ai tué votre amour ; que votre âme s'est retirée de moi ; que, depuis votre veuvage, vous avez fait un autre choix. Si vous me dites cela, Suzanne, vous ne verrez pas mes larmes... vous n'entendrez pas ma plainte... c'est loin de vous que j'irai pleurer et mourir.

SUZANNE. Si je vous disais cela, Jacques, je mentirais.

Il la fait passer à droite **.

BELLEROSE. Ah !... maintenant je m'en vais heureux !... (A la duchesse.) Madame, soyez bénie... c'est à vous que je dois cette joie suprême d'avoir revu Suzanne, d'avoir pu me justifier... enfin d'avoir recueilli l'aveu que j'emporte chèrement dans mon cœur... je puis subir mon sort désormais... Adieu, Suzanne... et vous madame, encore une fois merci... (A part.) Maintenant, rue Cassette. J'ai là un premier devoir à remplir.

Il sort par le fond.

## SCÈNE V

### SUZANNE, LA DUCHESSE ***.

SUZANNE. Vous avez parlé de nous unir... pour le sauver... que faire ?...

LA DUCHESSE. Vous vous êtes confiée à monsieur de Louvois... adressez-vous encore à lui ****.

SUZANNE. Voudra-t-il m'écouter ?... depuis lors...

LA DUCHESSE. Ne me cachez rien. . Depuis lors...

SUZANNE. Connaissez-vous, monsieur de Charny ?

LA DUCHESSE. Sans doute...

SUZANNE. Eh bien, monsieur de Charny...

LA DUCHESSE. Achevez...

SUZANNE. Monsieur de Charny m'a écrit pour me demander ma main.

LA DUCHESSE. Vous avez refusé ?

SUZANNE. Oui.

LA DUCHESSE *****. Alors monsieur de Charny, le favori de monsieur de Louvois, est un ennemi... je comprends... Eh bien, adressez-vous au roi. Je me chargerai du ministre.

SUZANNE. Vous avez raison... je l'oserai... Où est Sa Majesté ?

LA DUCHESSE. Dans la campagne de Charleroi.

CAMILLE, entrant ******. Madame !

LA DUCHESSE. Qu'y a-t-il ?

CAMILLE, bas. Un homme vient de donner le signal que vous savez à la petite porte de la rue Cassette...

LA DUCHESSE, même jeu. Cet homme ?

CAMILLE. C'est celui qui était là tout à l'heure.

LA DUCHESSE. Bellerose ?

CAMILLE. Lui-même. Il a demandé la Castillane.

LA DUCHESSE. La Castillane !.. que peut-il lui vouloir ?.. non, je ne le recevrai pas, je ne le verrai plus... va le congédier.

CAMILLE. Mais...

LA DUCHESSE. Va, va !

Camille s'arrête pensive.

SUZANNE, revenant à la duchesse. Madame, de votre côté, n'est-ce pas, vous ferez tout ce qu'il vous sera possible de faire ?.. Acceptez d'avance l'expression de ma gratitude, pardonnez-moi mes injustes soupçons... adieu, madame la duchesse.

LA DUCHESSE. Adieu... ou plutôt au revoir... Camille, conduis la comtesse... (Bas.) et ensuite, cours à la petite porte, afin de congédier celui que tu sais...

CAMILLE. Oui, madame...

Elle sort vivement avec Suzanne par le fond.

## SCÈNE VI

### LA DUCHESSE, seule un moment.

Maintenant à l'œuvre. Réparons les fautes commises. Monsieur de Louvois, ce que vous auriez refusé à madame d'Alberghotti, vous me l'accorderez à moi. On ne me brave pas impunément... Une femme est parfois plus puissante qu'un premier ministre.

Au moment où elle va se mettre à écrire, on entend des bruits de voix au dehors.

BELLEROSE, en dehors, avec colère *. Je vous dis que j'entrerai.

Il ouvre violemment la porte.

LA DUCHESSE. Lui !

CAMILLE. Madame... c'est malgré moi...

LA DUCHESSE. Laisse-nous !

Camille sort.

## SCÈNE VII

### LA DUCHESSE, BELLEROSE **, qui a examiné autour de lui.

BELLEROSE. Je ne me trompe pas... je sors d'ici... (Voyant la duchesse et la reconnaissant.) Ah !

LA DUCHESSE. Qui demandez-vous ?..

BELLEROSE. Je demande la Castillane... mais je comprends... la Castillane, c'est vous.

LA DUCHESSE. En effet... c'est moi !... Que voulez-vous à la Castillane ?

BELLEROSE. Permettez, madame... C'est ici la maison... elle a deux issues...

LA DUCHESSE, vivement. Oui...

BELLEROSE. Vous m'avez recueilli au moment où je venais d'être frappé rue Cassette.

LA DUCHESSE. Oui.

BELLEROSE. Celui qui voulait ma mort... celui qui a causé celle de Raoul d'Assonville, c'est votre mari...

LA DUCHESSE, avec amertume. Mon... mari !

BELLEROSE. Enfin, monsieur de Châteaufort.

LA DUCHESSE. Peut-être.

BELLEROSE. A cause de l'enfant !..

LA DUCHESSE. Quel enfant ?...

BELLEROSE. Celui dont je venais vous parler le jour du coup de poignard... enfin le vôtre... Gaston !

LA DUCHESSE. C'était son nom... pourquoi le prononcer ?.. Gaston est mort ***.

BELLEROSE. Ne vous êtes-vous jamais dit que Dieu, s'il le voulait, pouvait vous le rendre ?

LA DUCHESSE. Toutes les mères qui pleurent un enfant à jamais perdu, font de ces rêves-là.

BELLEROSE. Si ce n'était pas un rêve !

LA DUCHESSE. On ne joue pas avec cela, monsieur.

BELLEROSE. Un jeu ! moi !.. Enfin si Gaston...

LA DUCHESSE. Un feu étrange brille dans vos yeux, c'est le rayon de l'espérance... Gaston est vivant !.. mon fils est vivant !.. vous le saviez... et vous étiez chargé de me l'apprendre, n'est-ce pas ?.. oui !.. (Avec éclat.) Où est-il ?.. (S'arrêtant.) Ah ! ****

BELLEROSE. Pour Dieu ! calmez-vous... tâchez de supporter votre bonheur... monsieur d'Assonville m'a tout dit. Prenez ce papier. Vous reconnaissez la signature... Je suis ému, et pour un rien je pleurerais aussi...

LA DUCHESSE. Mon ami... car vous êtes mon ami, maintenant... Ah !.. Dieu est bon ! Comprenez-vous qu'il me ré-

* La Duchesse, Suzanne, Bellerose.
** La Duchesse, Bellerose, Suzanne.
*** La Duchesse, Suzanne.
**** Suzanne, la Duchesse.
***** La Duchesse, Suzanne.
****** Camille, la Duchesse, Suzanne.

* Bellerose, Camille, la Duchesse.
** Bellerose, la Duchesse.
*** La Duchesse, Bellerose.
**** Bellerose, la Duchesse.

compense au moment où il devait me punir ! J'étais en proie à je ne sais quel délire... et me voilà purifiée, apaisée, meilleure. Ce n'est pas seulement la résurrection de Gaston que vous venez d'accomplir, c'est la mienne ! En moi vous avez ressuscité la mère ! l'autre femme est morte : oublions-la... Ah ! mon enfant !... tout mon être va à lui... Cher fils adoré, reprends ta mère, reprends son cœur qui ne doit être qu'à toi seul. Venez, conduisez-moi vers lui ! quand je l'aurai embrassé, j'irai réclamer votre grâce, votre réhabilitation. Je ne prierai pas, j'exigerai, nous l'aurons, je le promets, je le jure... Venez venez.

## SCÈNE VIII

LES MÊMES, CAMILLE *.

CAMILLE. Madame... madame !

LA DUCHESSE. Qu'y a-t-il ?

CAMILLE. Monsieur le duc !

BELLEROSE. Ne craignez rien... je suis là.

LA DUCHESSE. Il ne doit pas vous voir... (Lui montrant la gauche du théâtre.) Fuyez, vous trouverez les passages secrets qui vous sont maintenant connus. Fuyez.

BELLEROSE. Fuir !

LA DUCHESSE. Sauver une femme... Vite ! le voilà !

Bellerose sort vivement par la gauche.

## SCÈNE IX

LA DUCHESSE, LE DUC **.

Par un geste, le duc ordonne à Camille de partir.

LE DUC ***. Savez-vous, madame, que j'ai eu bien du mal à vous trouver. C'est affaire à vous d'organiser de délicieuses cachettes, de vrais nids d'amour... C'est peut-être monsieur d'Assonville que vous attendiez ce soir ?

LA DUCHESSE, avec une colère sourde. Vous savez bien le contraire.

LE DUC. On l'a pourtant vu rôder autour de cette maison il y a quelque temps.

LA DUCHESSE. Il n'y peut plus venir... puisque vous l'avez assassiné.

LE DUC. Moi !

LA DUCHESSE. Niez donc, si vous l'osez.

LE DUC, se rassurant. Ne changeons point les rôles. Je suis ici en juge et non en accusé. J'ai à vous demander compte du mystère de votre conduite.

LA DUCHESSE. Vous avez des espions à vos gages, questionnez-les.

LE DUC. Vous en parlez avec mépris ; c'est un tort. Mes espions, comme vous les nommez, ne sont pas gens de médiocre condition.

LA DUCHESSE. Seraient-ils par hasard du fameux escadron de monsieur de Louvois ?

LE DUC. Vous approchez de la vérité. Monsieur de Louvois est, en effet, instruit de ce que je pouvais souhaiter connaître, mais il se trouve lié par sa parole envers qui ? je l'ignore. Je n'aurais donc rien su par lui. Un de ses amis, qui est aussi le mien, s'est montré moins discret.

LA DUCHESSE, avec dédain. Vos amis !.. mais qui se ressemble s'assemble.

LE DUC. C'est un proverbe.

LA DUCHESSE, avec fermeté. Où voulez-vous en venir ?

LE DUC. Vous allez le savoir. Mais d'abord rappelez-vous mes griefs contre monsieur Raoul d'Assonville.

LA DUCHESSE. Il avait plus de droits de vous haïr que vous n'aviez de raisons d'être son ennemi.

LE DUC. Quand j'ai voulu vous donner mon titre et mon nom, il était mon rival, mon rival heureux.

LA DUCHESSE. Pourquoi, sachant cela, avez-vous eu la lâcheté de m'épouser ?

LE DUC. Ne nous arrêtons pas à de tels souvenirs...

LA DUCHESSE, se levant. C'est vous qui les avez réveillés ****. Ils me révoltent contre vous. D'ailleurs je sens que vous avez aujourd'hui l'intention de me mettre à la torture, comme vous l'avez fait il y a huit ans... Je ne le souffrirai plus...

LE DUC. Il y a huit ans, vous étiez la maîtresse de monsieur d'Assonville.

LA DUCHESSE. Dites sa fiancée.

LE DUC. Durant les guerres de la Fronde, vous lui aviez sauvé la vie ; pour récompense de l'hospitalité qu'il avait reçue dans la maison de votre père, il séduisit sa fille.

LA DUCHESSE. S'il y eut faute, notre mariage devait la réparer... Mais ce mariage rencontra mille obstacles, et vous n'ignorez pas d'où ils venaient. La guerre nous avait séparés. Je lui écrivis vingt fois. Pas de réponse. On me fit croire à son oubli. Si je n'avais songé à l'enfant qui allait naître, je me serais tuée. J'ignorais alors qu'il m'eût souvent écrit de son côté, et que nos lettres avaient été interceptées...

LE DUC. Par votre père... C'était son droit...

LA DUCHESSE. Par vous, et c'était une infamie ! Un jour, mon enfant pour qui j'avais supporté le supplice de la vie, me fut enlevé. Je pleurai, je criai, je devins folle. On resta sourd à mes supplications... puis on me prouva qu'il n'était plus. Je tombai foudroyée... et je crus que Dieu allait me délivrer par la mort. Lorsque j'entrai en convalescence, mon père, le seul être devant qui j'aie jamais tremblé, se présenta et me dit : Je vous amène un mari. C'était vous ! humble, soumis, insinuant, vous parvîntes à me faire croire que Raoul m'avait trahie. Et puis le lien qui nous rattachait l'un à l'autre était brisé ; au bout de trois mois d'hésitations, de prières et d'obsessions, je devins votre femme.

LE DUC. Je vous aimais.

LA DUCHESSE. Vous ! vous aimiez ma fortune ! Depuis vous avez ménagé en moi la complice de vos ambitions, la gardienne vigilante de votre crédit. Le hasard me fit rencontrer monsieur d'Assonville. Laissé pour mort dans un combat, il avait dû la vie à de malheureux paysans qui l'avaient recueilli sur le champ de bataille. Aux premiers mots d'explication, il me fut démontré que tous les deux nous avions été victimes d'un abominable tissu de mensonges. Je lui fis comprendre que, néanmoins, nous ne devions plus nous revoir. Il jura d'obéir et je lui dis adieu pour jamais ; mais, éclairée sur vous, sur vos infamies, et convaincue, trop tard, que j'étais tombée dans un piége tendu par un fourbe, par un lâche, par un assassin !

LE DUC. Vous m'insultez ; moi, j'ai eu assez de confiance en votre loyauté, pour vous laisser à Paris, libre et seule. Là-bas je semblais tolérer complaisamment pour vous la faveur du roi, les hommages des raffinés, les plaisirs, les fêtes, les enchantements réservés à une jeune femme éblouissante de jeunesse et d'amour !... Enfin je dévorais ma rage... Je vouais silencieusement une haine mortelle à quiconque se flatterait, — mensonge ou vérité, — de conquérir votre cœur... Pendant longtemps je dus me contraindre, car au milieu des périls qui vous entouraient vous restiez la fidèle gardienne de votre honneur et du mien... Mais un jour j'ai acquis la conviction que vous, si fière de votre devoir rempli, vous aviez de nouvelles entrevues avec monsieur d'Assonville ; alors, frémissant de colère, ne rêvant que meurtre et vengeance, je suis accouru à Paris et me voilà !...

LA DUCHESSE. Des entrevues avec lui, moi ! c'est une calomnie.

LE DUC. Il vous écrivait, et vous lui avez répondu.

LA DUCHESSE. Une seule fois.

LE DUC. Une fois ou plusieurs, qu'importe ? Ce lien auquel vous faisiez allusion tout à l'heure n'était pas brisé... ce lien subsiste.

LA DUCHESSE. Que voulez-vous dire ?

LE DUC. Or, il m'importe de le faire définitivement disparaître !

LA DUCHESSE, tremblante. Entre monsieur d'Assonville et moi, il n'y avait plus rien de ce que vous supposez.

LE DUC. Mes suppositions sont fondées. Jugez-en. On a su, malheureusement beaucoup trop tard, que monsieur d'Assonville, aidé du sergent Bellerose, avait traversé les rues de Paris un certain soir, portant caché sous son manteau... un enfant.

LA DUCHESSE. Un enfant... ce n'est pas vrai...

LE DUC. Comment le savez-vous ? vous venez de vous trahir...

LA DUCHESSE, passe à gauche **. Moi ! ah ! ah ! ah ! je ris des contes que vous venez me faire... quelle plaisanterie... ah ! ah ! ah !

LE DUC. Ne riez pas, vous allez sangloter.

LA DUCHESSE, avec un cri étouffé. Vous êtes un misérable !

Elle s'assied sur le canapé.

* Bellerose, Camille, la Duchesse.

** Le Duc, Camille, la Duchesse.

*** Le Duc, la Duchesse.

**** La Duchesse, le Duc.

* Le Duc, la Duchesse.

** La Duchesse, le Duc.

LE DUC, *à la duchesse qui l'écoute en tremblant.* Soit. Ecoutez jusqu'au bout... Ils ont confié l'enfant à Suzanne d'Alberghotti qui ne connaît pas le nom de la mère. J'aurais bien pu me présenter chez la comtesse, mais ce qu'elle a fait pour le roi la rend sacrée. A mon grand regret, de ce côté, je ne puis rien. Il me faut recourir aux moyens réguliers et j'ai besoin de titres incontestables. Or, il en existe un que le hasard vient de me faire découvrir il n'y a qu'un instant. Ce titre est un écrit signé par monsieur d'Assonville et qui invite la personne chargée de la garde de l'enfant à le remettre au porteur dudit écrit. Cet écrit, vous l'avez sur vous, donnez-le moi.

LA DUCHESSE. Jamais!

LE DUC. Il me le faut...

LA DUCHESSE. Jamais, vous dis-je!...

LE DUC. Je vous y forcerai.

LA DUCHESSE, *elle se lève et passe à droite.* Essayez* ! — Ah! tu crois, duc de Châteaufort, qu'après avoir une première fois volé un enfant à sa mère, et après avoir essayé de le tuer, tu pourras impunément recommencer les mêmes atrocités. . non, non! Insulter à Dieu lui-même qui a fait un miracle en le sauvant... cela ne t'arrêterait pas! Eh bien, c'est moi, une femme, c'est moi, toute seule, qui te résisterai... tu ne toucheras pas à cet enfant... Pour lui! je combattrai avec mes ongles, avec mes dents... je te labourerai le visage... je te déchirerai la chair... j'aurai la force, entends-tu, car je suis une mère... car je suis la lionne défendant ses petits... et je t'arracherai ton infâme cœur!

LE DUC. Vous me faites pitié, madame, et si cela vous plaît, gardez l'écrit : je saurai m'en passer. J'ai droit sur cet enfant, je vais aller le prendre!

*Une lutte a lieu, il la repousse violemment et s'élance vers la porte.*

## SCÈNE X

LES MÊMES, BELLEROSE, *l'épée à la main* **.

BELLEROSE, *lui barrant le passage.* Non... oh! non, monsieur le duc! on ne passe pas.

LA DUCHESSE. Lui!... c'est Dieu qui le ramène!

BELLEROSE. Je n'étais pas parti. Je me méfiais... vous voyez que je n'avais pas tort!...

LE DUC, *se remettant, après avoir reconnu Bellerose.* Oh! oh! notre déserteur!

BELLEROSE, *avec amertume.* Déserteur! comme vous dites!..

LE DUC. D'une pierre deux coups. *(Dépliant un papier.)* Voici l'ordre de Sa Majesté!... Ton épée, drôle!

BELLEROSE, *reprenant son calme.* A chaque chose son temps, monsieur le duc!

LE DUC, *riant.* On me l'avait dit... mais je ne voulais pas le croire... madame de Châteaufort tomber jusqu'à un sergent de canonniers!... j'en ferai l'histoire à la cour!... Voyons, ton épée!

BELLEROSE, *très-froidement.* Selon ce que vous déciderez, madame, je vais tuer sur place monsieur le duc de Châteaufort, comme on écrase un venimeux reptile... ou bien je vais le tenir là sous mon pied, immobile et muet, jusqu'à ce que vous ayez préparé votre fuite et mis en sûreté ce qui vous est cher.

LE DUC, *à la duchesse****.* Je vous épargne l'embarras du choix, et je vais...

*Il ne peut achever, Bellerose a bondi sur lui, le désarme, le terrasse, et lui appuie la pointe de son épée sur le cœur.*

BELLEROSE, *lui montrant du doigt son épée.* Ceci est un bâillon, entend-tu l'homme? si tu appelles, tu es mort! *(A la duchesse.)* Prenez votre loisir, madame... monsieur le duc me connaît et ne me désobéira pas... quand vous serez libre, envoyez-moi seulement pour signal le mot adieu et je saurai ce qui me reste à faire.

LA DUCHESSE. Vous me sauvez plus que la vie.

*Elle sort par le fond.*

## SCÈNE XI

BELLEROSE, LE DUC ****.

BELLEROSE. Vous avez grande envie de causer... soit, causons, mais tout doucement... car trop de silence et trop de bruit appelleraient également vos hommes... je suis donc un déserteur, monsieur le duc.

LE DUC. Relève ton épée... laisse-moi libre et tu as ta grâce.

BELLEROSE. C'est peu.

LE DUC. Veux-tu être riche ?

BELLEROSE. Je suis ambitieux.

LE DUC. Sur mon honneur, je fais de toi un capitaine... mais hâte-toi! *Il fait un mouvement.*

BELLEROSE. Prenez garde! *(Châteaufort retombe.)* nous causons... Capitaine! c'est un beau grade... et il ne s'agit après tout que d'une pauvre trahison!... Ecoutez! *(On entend le mot adieu au dehors, mouvement de Châteaufort.)* Attendez!... un peu de patience... *(Un temps. Il retire l'épée.)* Là!... on n'entend plus rien. Vous pouvez vous relever, monsieur le duc.

*Le duc va à la porte et l'ouvre.*

LE DUC, *furieux.* A moi!... *On voit Bouletord et ses soldats.* Mort ou vif, emparez-vous de lui!

BELLEROSE*. Entrez! *(Bouletord et les soldats hésitent. Il les regarde les bras croisés, mais tenant encore son épée.)* J'ai fait mon devoir; je n'ai plus besoin de cela!** *(Il jette son épée aux pieds de Châteaufort; Bouletord et les soldats se saisissent de lui.)* Duc de Châteaufort, conduisez-moi devant mes juges.

*Le rideau baisse.*

---

# ACTE CINQUIÈME

## SIXIÈME TABLEAU

*L'intérieur de la ferme du vieux Grinedal.*

## SCÈNE PREMIÈRE

LE PÈRE GRINEDAL *fourbit ses armes,*
DE CHARNY *entre.*

GRINEDAL, *assis à droite.* Qui demandez-vous ?

DE CHARNY, *entrant de gauche****.* Monsieur Grinedal, le père du sergent Bellerose.

GRINEDAL. C'est moi.

DE CHARNY. Ah! c'est vous, cela se trouve à merveille. Je viens vous donner des nouvelles de votre fils.

GRINEDAL. Prenez donc la peine de vous asseoir... comment va-t-il?

DE CHARNY. Très-bien.

GRINEDAL. On nous a écrit qu'il avait été blessé.

DE CHARNY. Guéri... parfaitement guéri!

GRINEDAL, *se lève.* Dieu soit loué! voulez-vous accepter....

DE CHARNY. Rien, merci!

GRINEDAL. La maison n'est pas riche... mais il s'y trouve encore de quoi faire fête à des hôtes, surtout quand ils viennent au nom de Jacques.

DE CHARNY. Il m'avait prié de m'informer par occasion, de madame la comtesse d'Alberghotti.

GRINEDAL, *examinant de Charny en silence.* Ah! adressez-vous au château...

DE CHARNY. J'y vais.. mais en passant... pour vous donner des nouvelles de Jacques, je me disais : je pourrais m'informer auprès de monsieur Grinedal, ou de mademoiselle Claudine.

GRINEDAL, *s'asseyant.* Ma fille est absente...

DE CHARNY. En effet, je ne la vois pas. Elle est toujours l'amie de... la comtesse?

GRINEDAL, *sèchement.* Toujours...

DE CHARNY. Mademoiselle Claudine est à peu près la seule personne que mademoiselle d'Alberghotti fréquente ?

GRINEDAL. Je ne suis pas au courant des habitudes de Suzanne et de la comtesse.

* Le Duc, la Duchesse.
** Le Duc, Bellerose, la Duchesse.
*** Bellerose, le Duc, la Duchesse.
**** Bellerose, le Duc.

* Bellerose, Bouletord, le Duc.
** Bouletord, Bellerose, le Duc.
*** De Charny, Grinedal.

DE CHARNY. Je voulais dire que madame d'Alberghotti ne reçoit pas de visites ?... pas de cavalier, enfin... tranchons le mot, pas de prétendant à sa main?

GRINEDAL, à part. Il m'ennuie avec ses questions!

Il se lève.

DE CHARNY. Alors vous pensez...

GRINEDAL. Je pense, monsieur, que vous ferez bien d'aller à Malzonvilliers demander les renseignements dont vous avez besoin.

DE CHARNY, à part. Il ne veut pas parler (Haut.) Au revoir, monsieur.

GRINEDAL. Au revoir. De Charny sort par la gauche.

GRINEDAL, seul un moment. Il nous vient comme cela de temps à autre des manières d'espions, mais je me tiens sur mes gardes.

## SCÈNE II

GRINEDAL, SUZANNE, CLAUDINE, LE PETIT GASTON; ils viennent par le fond.

L'ENFANT, courant à Grinedal *. Bonjour, grand-papa!

GRINEDAL, l'embrassant. Il m'appelle grand-papa; ça me va au cœur.

SUZANNE, regardant au fond à gauche. Il me semble reconnaître... (Revenant à Grinedal.) Quelqu'un sort d'ici!

GRINEDAL. Oui... un monsieur qui m'a interrogé sur vous, sur Claudine. Je n'ai pas répondu...

CLAUDINE. A-t-il parlé de Gaston?

GRINEDAL. Non... pas un mot de l'enfant.

CLAUDINE. Je respire. Maintenant où va-t-il?

JACQUES. Il a dit qu'il allait au château.

CLAUDINE. Chez Suzanne?

JACQUES. Sans doute, puisque je dis au château.

CLAUDINE. Père... il faut le surveiller.

JACQUES. Surveiller? compris... Il saisit son fusil.

CLAUDINE. Père!

GRINEDAL. C'est bon... c'est bon... On prendra des précautions, mais on surveillera... Il sort par le fond.

## SCÈNE III

SUZANNE, CLAUDINE, GASTON **.

SUZANNE, pensive. Si cet homme apportait des nouvelles de Jacques... voilà huit jours que nous en attendons.

CLAUDINE. Je commence à désespérer.

SUZANNE. Il ne faut pas parler ainsi... Claudine... c'est offenser Dieu! Il nous viendra en aide. Et puis le roi ne restera pas sourd à mes prières... Reprends courage... le ciel fera un miracle.

CLAUDINE. Il n'y a pas de miracles pour nous!... Oh! Jacques!... Jacques! (Elle pleure.) Comment dire cela au père!... Nous lui avons tout caché... Quand il saura...

S'assied à droite.

GASTON, allant à Claudine ***. Qu'as-tu donc?...

CLAUDINE. Moi, rien... rien!

GASTON. Mais si, tu pleures!

SUZANNE. C'est à cause d'un ami qui est aussi le tien.

GASTON. Un ami!

SUZANNE. Le frère de Claudine.

GASTON. Est-ce qu'on lui a fait quelque chose?

CLAUDINE, que cette parole de l'enfant déchire. Ah!

SUZANNE. On l'a traité cruellement.

GASTON. Pourquoi?

SUZANNE. Pour une faute.

GASTON. Eh bien, demandons sa grâce.

SUZANNE. Nous l'avons demandée.

GASTON. On l'accordera... j'en suis sûr.

CLAUDINE. Tu es sûr!

SUZANNE. C'est comme moi, j'ai beau dire cela à Claudine, elle ne veut pas me croire.

GASTON. Il faut la croire!... elle est si bonne!

CLAUDINE, sanglotant. Qu'est-ce qu'il y a donc? A la fin... j'ai peur!

SUZANNE. Peur!... non... n'aie pas peur... aucun danger ne te menace, nous veillons sur toi... nous t'entourons... Si quelque méchant voulait te faire du mal, il nous trouverait tous, ton bon papa Grinedal... et puis ta Claudine qui va sécher ses larmes pour nous épargner le chagrin de la voir souffrir *... On me trouverait aussi moi... moi qui t'aime, tu le sais... et puis enfin au-dessus de nous il y a ton bon ange qui veille et qui intercède en faveur du petit Gaston...

Elle le prend dans ses bras et l'embrasse en pleurant.

GASTON. Mais toi, tu pleures aussi.

SUZANNE, s'essuyant vivement les yeux. Moi... par exemple. . je suis gaie... je ris... Elle étouffe un sanglot.

## SCÈNE IV

LES MÊMES, LA DUCHESSE **. Elle est entrée sur le tableau qui précède. Elle est très-émue. Gaston la voit et la désigne avec effroi à Suzanne.

SUZANNE, se retournant. Une femme!... Ciel! madame de Châteaufort!

LA DUCHESSE, venant en scène et désignant Gaston. Est-ce lui?

CLAUDINE, se levant. Qui lui?

LA DUCHESSE. Gaston!

SUZANNE. Elle sait son nom!

CLAUDINE. Qui vous a dit?

LA DUCHESSE. Laissez-moi le voir...

SUZANNE. Mais, madame...

LA DUCHESSE. C'est juste. Voici l'écrit...

SUZANNE, après avoir lu. Oui... Mais pardonnez, madame, si j'interroge. Quel rapport y a-t-il entre vous et cet enfant?

LA DUCHESSE. Il est le fils de monsieur d'Assonville, n'est-ce pas?

CLAUDINE. Oui...

LA DUCHESSE. Monsieur d'Assonville avait chargé votre frère d'une mission auprès de sa mère.

SUZANNE. En effet. Eh bien?

LA DUCHESSE. Eh bien, sa mère, c'est moi!

SUZANNE. Vous! madame.

LA DUCHESSE. Oui! moi! (Appelant.) Gaston! mon enfant chéri, est-ce que tu as peur de moi? si tu savais comme je t'ai pleuré! si tu savais comme je t'aime! (Avec désespoir.) Il ne me comprend pas! il ne me connaît pas! je suis une étrangère pour lui, et cette heure que j'ai si ardemment souhaitée est le couronnement de mon supplice. Ah! c'est bien vrai! je n'ai pas rempli mes devoirs de mère! je n'ai pas mérité la grande joie de sentir ce petit cœur adoré palpiter contre mon cœur!... (Brusquement.) Je ne suis rien pour lui! c'est mon châtiment! je suis condamnée à n'être pas mère! Adieu! j'ai eu tort de réclamer cet enfant; gardez-le! aimez-le pour vous et pour moi!

SUZANNE. Attendez. Gaston, vois-tu cette dame? elle est belle, elle est bonne; va l'embrasser. Il obéit avec hésitation.

LA DUCHESSE, transportée. — Elle se jette sur lui et l'étreint dans ses bras. Oui, je suis ta mère, va! mon enfant, mon cher enfant. Vois comme je pleure et comme je suis heureuse! heureuse jusqu'à la folie! j'ai voulu être grande, et puissante, et redoutée, c'est que je ne t'avais pas, c'est que tu n'étais pas là, dans mes bras! Je ne veux plus rien, maintenant, que toi, rien que t'aimer, veiller sur toi, chercher ton cœur, idolâtrer ton sourire! rien que ce bonheur inconnu qui me transporte au ciel : la joie de t'appeler mon fils et de t'entendre m'appeler ta mère.

## SCÈNE V

LES MÊMES, GRINEDAL ***.

GRINEDAL, rentrant de gauche. Claudine... cet homme revient.

SUZANNE, remontant au fond. Monsieur de Charny!

LA DUCHESSE, passe à droite avec Gaston. Monsieur de Charny! Je ne vous quitte pas.

SUZANNE. Non, laissez-moi avec lui.

CLAUDINE. Quoi! tu veux!...

SUZANNE. Allez, allez, vous dis-je? J'ai mon idée.

LA DUCHESSE. Nous sommes là... et nous veillons!

GRINEDAL. Oui, nous veillons.

La duchesse emporte l'enfant dans ses bras. Claudine et Jacques la suivent à droite.

SUZANNE, un moment seule. Mes pressentiments me disent que monsieur de Charny va me parler de Jacques et qu'il apporte de tristes nouvelles. Je veux être seule à connaître la vérité.

* Suzanne, Claudine, Grinedal, Gaston.
** Gaston, Suzanne, Claudine.
*** Suzanne, Gaston, Claudine.

* Gaston, Suzanne, Claudine.
** La Duchesse, Suzanne, Claudine, Gaston.
*** La Duchesse, Gaston, Suzanne, Claudine.

## SCÈNE VI

SUZANNE, DE CHARNY *, entre de gauche.

DE CHARNY, la voyant. Elle! enfin. (Haut en descendant la scène.) Madame.

SUZANNE. Approchez, monsieur de Charny.

CHARNY. Cette fois vous me reconnaissez, madame, que de grâces, je viens du château de Malzonvilliers où je n'ai pas eu l'honneur de vous rencontrer. J'ai su que je vous trouverais ici et j'ai pris la liberté de m'y présenter.

SUZANNE. J'étais loin de m'attendre à votre visite... je suis prête à vous écouter.

DE CHARNY. Madame... J'irai droit au fait.

SUZANNE. Cela vaut mieux, monsieur.

DE CHARNY. Aussitôt après votre veuvage, j'ai eu l'audace de vous faire part de certains projets.

SUZANNE. Oui, monsieur, mais vous devez vous rappeler quelle a été ma réponse.

CHARNY. Un refus très-net, je ne l'ai pas oublié. Aussi croyez bien, madame, que ce n'est pas de mon propre mouvement que j'affronte de nouveau vos rigueurs... Je viens au nom de notre maître à tous, je viens au nom du roi.

SUZANNE. Le roi...

DE CHARNY. C'est-à-dire au nom de son ministre, ce qui est un peu la même chose, Sa Majesté ayant une confiance illimitée dans la sagesse de monsieur de Louvois.

SUZANNE. Alors... monsieur de Louvois dans sa sagesse... a décidé...

DE CHARNY. Que vous seriez ma femme... mon Dieu, oui, ma femme.

SUZANNE. Sérieusement, c'est monsieur de Louvois qui a eu cette idée?...

DE CHARNY. Elle ne me serait pas venue après l'échec que j'ai subi...

SUZANNE. Mais vous approuvez la... décision du ministre?

DE CHARNY. Je ne contredis jamais monsieur de Louvois, et d'ailleurs quand la porte du paradis vous est ouverte, on ne la referme pas.

SUZANNE. Ceci est un langage de cour... nous sommes loin de Versailles. Je vous répondrai avec la franchise de nos campagnes. Je refuse, veuillez le dire au ministre qui vous envoie.

DE CHARNY. Et moi, madame, souffrez que je réplique avec une sincérité égale à la vôtre. Vous avez tort.

SUZANNE. C'est possible, monsieur, mais je persiste dans ma résolution.

DE CHARNY. C'est bien malheureux, madame.

SUZANNE. Pourquoi?

DE CHARNY. Parce que votre résistance aux désirs de monsieur de Louvois est la condamnation d'un homme à qui vous vous intéressez. Oui, sa condamnation, vous n'ignorez pas que Bellerose est déserteur, crime puni de mort.

SUZANNE, passe à gauche **. Déserteur! il ne l'est pas!

DE CHARNY. Il va passer devant un conseil de guerre à Charleroi. Les preuves sont irrécusables. Son arrêt de mort est certain. Il n'y avait qu'un moyen de le sauver. Je suis venu vous l'offrir. Vous refusez... que son sang retombe sur vous.

SUZANNE. Quoi? si j'avais accepté vos propositions de mariage...

DE CHARNY. Si vous les aviez acceptées, madame, je m'engageais à mettre dans la corbeille de mariage la grâce de Bellerose. Je ne vous en impose pas, souvenez-vous que monsieur de Louvois est tout, qu'il peut tout, que je suis à lui corps et âme, et que c'est avec son autorisation formelle que je suis venu vous offrir la grâce du condamné.

SUZANNE, passe à droite ***. Cette grâce, je l'aurai sans vous.

DE CHARNY. J'en doute! votre refus ne fera qu'ajouter à la colère du ministre, il veut ce qu'il veut et il hait énergiquement ceux qui lui résistent et qui l'offensent.

SUZANNE. Mais si j'avais la lâcheté de dire oui, j'infligerais au malheureux Jacques un supplice plus cruel pour lui que celui qui l'attend.

DE CHARNY. Madame le temps presse.

SUZANNE. Eh bien non... mille fois non.

Entrée de Claudine ****.

* De Charny, Suzanne.
** Suzanne, de Charny.
*** De Charny, Suzanne.
**** De Charny, Suzanne, Claudine.

DE CHARNY. Je vais porter votre réponse à monsieur de Louvois.

SUZANNE. Allez.

DE CHARNY. C'est vous qui l'aurez voulu! adieu!

CLAUDINE, sanglotant. Suzanne, vous tuez mon frère.

SUZANNE, à de Charny. Arrêtez!..

DE CHARNY. Vous me rappelez... Alors vous consentez donc? Suzanne est en proie à une torture intérieure.

## SCÈNE VII

LES MÊMES, LA DUCHESSE, CLAUDINE *.

LA DUCHESSE, à Suzanne. Refusez, madame; ne laissez point triompher cet homme: qui sait s'il ne ment pas encore!

DE CHARNY, voyant la duchesse. Elle ici! (Il s'avance avec colère vers elle.) Madame! n'oubliez pas que j'appartiens à un maître qui s'appelle monsieur de Louvois.

LA DUCHESSE. Et vous, rappelez-vous que je suis toujours madame de Châteaufort. Sortez!

DE CHARNY. J'obéis; mais pour adieu, je vous dirai ceci, madame: monsieur de Châteaufort a renoncé à son gouvernement de Guyenne, monsieur de Châteaufort est au camp devant Charleroi!.. Enfin, c'est lui qui dirige en personne l'accusation contre le déserteur Bellerose.

Il sort vivement, gauche.

CLAUDINE. Ah! mon frère! mon pauvre frère!

LA DUCHESSE, à Suzanne. Nous le sauverons... Venez!

SUZANNE. Oui... oui.., Où allons-nous?

LA DUCHESSE. A Charleroi!..

Quatre domestiques enlèvent les meubles.

Changement à vue.

---

# SEPTIÈME TABLEAU

La geôle d'une prison à Charleroi.

---

## SCÈNE PREMIÈRE

LE DUC DE CHATEAUFORT, BOULETORD, puis DE NANCRAIS.

Le duc traverse rapidement la scène et rencontre Bouletord.

LE DUC, venant de gauche **. C'est pour midi.

BOULETORD. Pour midi.

Le duc poursuivant son chemin rencontre de Nancrais.

DE NANCRAIS, venant de droite, voyant Châteaufort. Monsieur le duc! (A Bouletord.) Eloignez-vous.

BOULETORD, à part, en sortant, regardant de Nancrais. Oui... oui... supplie... implore... tu perdras ta peine et ton temps.

Il disparaît lentement.

DE NANCRAIS, au duc ***. Êtes-vous donc résolu à laisser périr le malheureux Bellerose?

LE DUC. Il ne m'appartient pas de réformer l'arrêt qui le condamne.

DE NANCRAIS. Vous commandez ici, vous pouvez tout. Je vous implore pour Bellerose; vous savez bien qu'il n'est pas coupable... et que la duchesse...

LE DUC. N'achevez pas! Vous en appelez à ma générosité et vous réveillez ma colère.

DE NANCRAIS. Pardon. Tant d'événements douloureux à si peu de distance... mon frère d'abord, maintenant ce jeune homme... j'ai le cœur brisé!

LE DUC ****. Vous vous attendrissez sur leur sort, moi je pense à mon injure... à ma honte...

DE NANCRAIS. Vous, vous êtes la haine faite homme!... Mais vous ne vous êtes-vous donc jamais demandé pourquoi je n'avais pas encore vengé la mort de mon frère?

LE DUC. Si. Parce que nous sommes en guerre, et qu'alors

* De Charny, Suzanne, la Duchesse, Claudine.
** Bouletord, le Duc, de Nancrais.
*** De Nancrais, le Duc.
**** Le Duc, de Nancrais.

pour les vaillants et les loyaux tels que vous, l'ennemi n'est pas à côté, mais en face.

DE NANCRAIS. Oui, c'est cela; mais après la bataille?

LE DUC. Après la bataille?

DE NANCRAIS, après un combat intérieur. Ah!... tenez, accordez-moi la grâce de Bellerose, et je crois qu'à ce prix... je consentirai à ne pas vous demander compte du sang de mon frère... D'Assonville, pardonne-moi!

LE DUC. Je repousse votre marché; la justice militaire aura son cours. Quant... à... votre frère, vous essaierez de le venger... suivant qu'il vous plaira.

DE NANCRAIS. Monsieur le duc!... laissez-vous fléchir!... un sursis de quelques semaines... d'un seul jour... que l'on aie le temps de le sauver...

LE DUC *. Le sauver!... qui?... une grande dame, n'est-ce pas, une duchesse dont les supplications pour un soldat achèvent de déshonorer le nom qu'elle porte?... Ah! monsieur de Nancrais, chacune de vos paroles est une blessure... un outrage nouveau pour ce cœur déjà tout entier à la vengeance.

DE NANCRAIS. Noble vengeance que la vôtre!... sacrifier un innocent, torturer une femme, menacer un enfant...

LE DUC. Assez, monsieur. Je n'ai plus rien à entendre de vous, je commande dans Charleroi, vous êtes sous mes ordres... obéissez... Pour commencer... allez présider à l'exécution.

DE NANCRAIS. Ah! vous êtes sans pitié!...

LE DUC. De la pitié!... Si je n'en accorde point aux autres, je n'en réclame aucune pour moi... que notre sort à tous s'accomplisse. Allez, monsieur!

Ils sortent chacun d'un côté opposé. — Le duc à droite, de Nancrais à gauche. — Onze heures sonnent.

## SCÈNE II

### LE GEOLIER, GRIPPART, MUGUET, JOLICŒUR, SOLDATS, PRISONNIERS, entrant par la droite **.

Le Geôlier fait son inspection. — Grippart vient triste sur le devant. — Muguet et Jolicœur se mettent à jouer aux cartes. — D'autres fument et boivent.

LE GEOLIER, entrant de gauche, des prisonniers derrière lui. — Il va ouvrir la porte à droite, et il en entre d'autres. Deux sous par jour, ce n'est pas cher pour jouir des agréments de la pistole.

MUGUET. Jolis, les agréments de la pistole de Charleroi.

JOLICOEUR. Atout! (Il joue.) atout! (Il joue.) et passe mon monarque.

MUGUET, jetant ses cartes. Pas de chance!

LE GEOLIER, à Grippart. Tu mitonnes quelque mauvais tour... toi!

GRIPPART. Jamais!... incapable...

LE GEOLIER. A quoi penses-tu?

GRIPPART. A Gargousse... une jeune personne, tendre comme du poulet... Si vous n'étiez pas un sauvage, père La Menotte, et si vous connaissiez les félicités de l'amour...

Il frétille.

LE GEOLIER, reculant. Eh bien!... enragé!...

GRIPPART. Les nerfs... c'est rien... (Avec calme.) Six blancs de tabac, s'il vous plaît.

LE GEOLIER, les donnant. Ne faut plus rien?... A vous revoir, mes agneaux... et soyez sages!

TOUS. Au revoir, père La Menotte.

Il sort. — Bruit de verrous, puis silence.

GRIPPART ***, qui a écouté à la porte. Psitt!

JOLICOEUR. Hein?

MUGUET. Qu'est-ce?

GRIPPART. A l'ordre! (Les soldats et les prisonniers se groupent autour de lui.) Le sergent est près de Bellerose?

MUGUET. Ah! Il secoue la tête.

JOLICOEUR, tristement. Ce pauvre Bellerose!

GRIPPART. C'est pour midi... sur la place de Charleroi.

MUGUET. Douze balles... à trente pas!

JOLICOEUR. Et six pieds de terre!

GRIPPART. Avez-vous du sang dans les veines?

MUGUET. Dame!

GRIPPART. Et du cœur au ventre?

JOLICOEUR. Pas mal.

GRIPPART. Etes-vous les amis de Bellerose?

MUGUET. Tonnerre!

* De Nancrais, le Duc.

** Grippart, le Geôlier, Jolicœur, Muguet, ces deux derniers jouent aux cartes à droite.

*** Grippart, Jolicœur, Muguet, les soldats entourent.

JOLICOEUR. A la vie, à la mort!

GRIPPART. Eh bien!... (Baissant la voix.) le sergent a eu une idée... c'est-à-dire, c'est moi qui ai pensé le premier à la chose... mais comme supérieur, il a l'initiative... Il a obtenu la permission de voir Bellerose, et à cette heure, il mitonne avec lui une bonne petite évasion.

MUGUET. A main armée?

GRIPPART. Parbleu!

JOLICOEUR. C'est risquer sa peau... d'autant plus que monsieur de Châteaufort qui commande à Charleroi, n'est pas tendre.

GRIPPART. Il l'a bien prouvé dans toute cette affaire... mais n'importe; La Déroute a parlé... Il s'agit de sauver un des phénomènes de Royal-Artillerie.

JOLICOEUR. J'en suis!

MUGUET. Moi aussi!

JOLICOEUR. Ma foi oui! Je m'en mets!

TOUS. Et moi!.. et moi!

GRIPPART. A la bonne heure... vous cédez à mon éloquence.. ça fait votre éloge... Consigne: attendre le moment et puis taper dur... au petit bonheur!... Bellerose est condamné comme déserteur... quand le diable y serait, nous savons bien que c'est pas juste... puisqu'il est brave comme la poudre.. C'est un tour de ce gueux de Bouletord... on lui en garde, à celui-là!... attention à s'engager par serment, et à lever la main à la ronde! (Commandant.) Garde à vous! canonniers!... La patte droite en avant... (On obéit.) Et dites comme moi: je jure... (S'interrompant.) Silence!... le chat danse!... A vos plaisirs respectifs pour faire semblant de rien!

La clé a tourné dans la serrure, les prisonniers reprennent leurs places, et tout est comme au lever du rideau.

MUGUET, jouant avec Jolicœur. Je coupe!... et trèfle!

## SCÈNE III

### LES MÊMES, LA DÉROUTE *.

Le Geôlier amène La Déroute à la porte et s'efface pour le laisser passer.

LE GEOLIER. Le pauvre garçon a reçu sa dernière visite... Moi, il me fait de la peine...

LA DÉROUTE, se retournant et lui tendant la main. Merci!

Le Geôlier sort et referme la porte. — La Déroute descend, la tête inclinée sur sa poitrine.

GRIPPART. Tâche!... sa dernière visite!... accompagnée de plusieurs autres... Sergent, tout est prêt, convenu, arrangé... Les camarades donnent dans la chose... (Regardant La Déroute et reculant tout frétillant). Ah!

JOLICOEUR. Qu'a-t-il donc?

GRIPPART, tristement. Faites pas attention... le sergent est tout mollasse... y a un malheur...

LA DÉROUTE, sombre. Bellerose perdu!

GRIPPART. Quand je vous disais!...

LA DÉROUTE. Veut pas se sauver.

GRIPPART. N'y a pas besoin de lui.

LA DÉROUTE. Veut pas.

TOUS. Par exemple!

GRIPPART. Des cœurs comme ça il n'y en a plus... (A La Déroute.) Quand tu es arrivé il était avec le prêtre, n'est-ce pas?

LA DÉROUTE. Prêtre pleurait...

GRIPPART. C'est donc pour cela que lorsque nous l'avons vu passer ensuite, il était si pâle qu'on aurait dit un agonisant! Mais enfin qu'a répondu Bellerose, quand tu lui as parlé de l'évasion?

LA DÉROUTE. M'a fermé la bouche...

GRIPPART. Et puis?

LA DÉROUTE. Et puis?

GRIPPART. Eh bien...

LA DÉROUTE. La Déroute a pleuré!

Il tire un petit bijou et le regarde avec émotion.

GRIPPART. Qu'est-ce que cela?... une épingle d'or?...

LA DÉROUTE. Dernier adieu! Il est très-ému.

GRIPPART, sanglotant. Ah! sergent!... ah! sergent! Un des phénomènes de Royal-Artillerie!... laissez-moi vous donner une idée dont vous garderez l'initiative... si on le prenait! Si on l'emportait... Douze heures sonnent.

MUGUET. Ça y est!

LA DÉROUTE, tressaillant. Quelle heure?

GRIPPART. Midi.

LA DÉROUTE, se levant d'une voix altérée. Canonniers!... debout!... tête nue!

On entend un bruit confus. — Les soldats attendent dans une attitude recueillie.

* Grippart, le geôlier, La Déroute, Jolicœur, Muguet.

GRIPPART, écoutant. Ce bruit...
MUGUET. Il augmente...
JOLICOEUR. Il vient de la ville!
LA DÉROUTE. Silence!... le voilà!

## SCÈNE IV

LES MÊMES, BELLEROSE, BOULETORD, GEOLIERS, GARDES *.

La porte grillée s'ouvre, et Bellerose, les mains liées, entre, entouré de ses gardes. — Il a la toilette du condamné. La Déroute fait un pas vers lui et les soldats l'entourent.

BELLEROSE. Adieu, Grippart; adieu, La Déroute. Soyez plus heureux que moi, tombez sur un champ de bataille. Je regrette la vie qui était pour moi si belle et qui me promettait tant de bonheur, mais je ne veux pas fuir... non, camarades, non. Ceux qui m'ont accusé d'être un lâche, verront si je baisserai les yeux devant la mort... La Déroute... Grippart frères... nous nous aimions bien... embrassez-moi, pour vous, pour tous nos braves compagnons... (Grippart, après avoir embrassé Bellerose, désigne avec stupéfaction la rose que celui-ci porte à sa boutonnière.) Ah! oui... tout à l'heure, comme je passais, l'enfant du geôlier m'a dit : Tiens, Bellerose... une rose. (A La Déroute.) Prends-la.., tu diras à celle que vous connaissez bien, celle dont je parlais sans cesse, de consoler Claudine et le vieux père... pauvres chers cœurs... Tu lui diras à elle, gardez cette fleur longtemps... toujours... car il a laissé tomber sur elle sa dernière pensée dans sa dernière larme... Allons, c'est tout... j'ai fini... (A Bouletord.) Quand vous voudrez...
BOULETORD, durement. Marche! On entend la fusillade.
BELLEROSE, s'arrêtant. Qu'est cela?
UN GEOLIER, accourant effaré. L'ennemi!... La ville est surprise!
UN PORTE-CLÉS, de même. Les portes sont forcées... Les grand'gardes sabrées!
GRIPPART, à Bellerose qui écoute. C'est un coup du sort!... Nous nous sommes fait punir exprès pour être près de vous. Allons, un bon mouvement pour faire plaisir au sergent! (Coup de canon.) C'est la liberté.
BELLEROSE. Dieu a exaucé mon ardente prière. (Repoussant un garde qui vient le prendre au collet et s'approchant de la fenêtre.) Les Impériaux sont dans Charleroi! (Se redressant.) Canonniers! je suis condamné à mort, mais non pas dégradé... je suis votre sergent... voulez-vous combattre une dernière fois sous mes ordres?
TOUS, avec enthousiasme. Oui! oui!
La canonnade continue.
BELLEROSE, d'une voix vibrante. Coupez ces liens!
GRIPPART, obéissant. Voilà!
BELLEROSE. Une épée!
LA DÉROUTE, cherchant une épée. Voilà!...
BOULETORD. Une révolte?
BELLEROSE. Non!... Une bataille!... Dieu a prêté au condamné une heure de répit pour donner son sang à la France... soldats! à vos mousquets!
GRIPPART. Le menuet des canonniers!... (Il frétille.) Ah! les nerfs!
MUGUET. A moi!
JOLICOEUR. A moi!
LE GEOLIER. A moi aussi, sarpejeu!
LA DÉROUTE. Prêts!
BOULETORD. Mais c'est impossible!... Je ne puis souffrir... canonniers!
BELLEROSE. Tu essaierais en vain de nous retenir.
BOULETORD. Mais...
BELLEROSE. Cette fois, prends garde!... je t'engage ma parole qu'après la bataille je me remettrai prisonnier entre tes mains, si toutefois l'ennemi ne s'est pas chargé de ta besogne.
GRIPPART. Allons, pas de résistance, ou sans cela à mort le Bouletord!
TOUS. A mort! à mort!
LA DÉROUTE. Mort!
GRIPPART. Et il n'aura pas volé son châtiment!
TOUS. A mort!
BELLEROSE. Arrêtez!
BOULETORD. Quand vous vous mettriez tous contre moi, ça ne m'empêchera pas de faire mon devoir!
BELLEROSE. Pour la dernière fois, laisse-nous.
BOULETORD. Non, respect à la loi.

* Grippart, La Déroute, Bouletord au-dessus, puis Bellerose.

BELLEROSE. Je respecte la loi. Tout à l'heure j'ai repoussé ceux qui me disaient de vivre, par respect pour la loi; notre loi, à nous soldats, c'est la discipline qui est la force et le salut des armées... mais quand l'ennemi est là... il y a une autre loi... loi suprême, celle-là... qui parle au fond des cœurs, et qui dit : le sang de tout Français appartient à la France! Je demande crédit à la loi pour une heure...
TOUS. Bravo! bravo!
BELLEROSE. Canonniers, à vos rangs!
BOULETORD. Qu'est-ce que j'ai donc, moi!... au fait, le devoir est aussi de marcher avec eux! (Criant.) Arrêtez!
BELLEROSE. Que veux-tu?
BOULETORD. Vous accompagner!
BELLEROSE. Toi?
BOULETORD. Oui... moi!
BELLEROSE. Pourquoi faire?
BOULETORT. Eh pardieu, pour repousser l'ennemi! Avant tout, soyons seuls chez nous... nous nous haïrons après.
TOUS. Bravo!
BELLEROSE. Bouletord! pour ce bon mouvement, je te pardonne. Viens donc! et vive la France!
TOUS. Vive la France! Sortie animée. — Changement à vue.

Canonnade dans la coulisse.

---

# HUITIÈME TABLEAU

La place de Charleroi. — Au milieu, un poteau.

---

## SCÈNE PREMIÈRE

LE GEOLIER, seul un moment, BOULETORD *.

LE DUC, entrant à la tête d'un groupe d'officiers. Messieurs, après la bataille, il nous reste un devoir à accomplir. (Apercevant le geôlier.) Le geôlier est à son poste, mais le condamné?
LE GEOLIER. Monsieur le duc, vu la circonstance...
LE DUC, fronçant le sourcil. Se serait-il évadé?
LE GEOLIER, C'est-à-dire... qu'il a fait évader... l'ennemi, et grand train!...
LE DUC, au geôlier. Prends garde! Tu répondais de lui sur ta tête.
LE GEOLIER. Alors... ma tête... écoutez donc... il m'a bien promis de revenir... Mais quand on a la clé des champs...
VOIX, au dehors. Victoire! victoire!
LE DUC, montrant le geôlier. Qu'on arrête cet homme!

## SCÈNE II

LES MÊMES, NANCRAIS, LA DÉROUTE, BOULETORD, GRIPPART, SOLDATS **.

LES SOLDATS. Victoire!
GRIPPART. Et une crâne victoire! On en parlera dans l'histoire ancienne... Le général ennemi a perdu son plumet. Je l'ai dans ma poche. Il tire le plumet.
LE DUC. Je ne vois pas le condamné.
DE NANCRAIS. Le condamné, monsieur le duc... je dois vous signaler sa conduite héroïque... c'est à lui que nous devons le gain de la journée.
LE DUC. La discipline avant tout : en considération de ce qu'il a fait aujourd'hui, le sergent Bellerose ne sera pas dégradé.
DE NANCRAIS. Dégradé! lui qui vient de sauver l'armée.
LE DUC. Je fais mon devoir... qu'on s'assure de sa personne.

* Bouletord, le Duc, le geôlier.
** De Nancrais, le Duc, Grippart.

## SCÈNE III

LES MÊMES, LA DÉROUTE.

LA DÉROUTE. Inutile... Bellerose... mort.
GRIPPART. Mort!..
TOUS. Mort!...
GRIPPART. Comment le sais-tu?... Qui t'a dit ça?...
LA DÉROUTE. Camarades.
DE NANCRAIS. Parlez, sergent, dites-nous ce qui est arrivé?
LA DÉROUTE. Pourrais pas...
GRIPPART. Allons, un effort, sergent, délie ta langue, il s'agit de la mémoire de notre ami.
LA DÉROUTE. Voilà!... pour lors Bellerose en train de tout culbuter, un lion... il frappait... frappait... chaque fois hommes tombaient.. Impériaux effrayés... rompent les rangs.. nos troupes poursuivent... canons ennemis à nous... Victoire!... mais Bellerose disparu... Bellerose mort...

A ce moment Bellerose paraît de gauche et va au poteau.

BELLEROSE. Mort!... Pas encore, sergent... (Otant ses habits.) Tout à l'heure, je ne dis pas...
TOUS. Bellerose!
LE DUC, aux soldats. Que justice se fasse; hors des rangs, le peloton d'exécution. *Il ne bouge pas.*
DE NANCRAIS. Jour de Dieu!
BOULETORD, à part. Il m'a sauvé dans la bataille, je ne peux pas... je ne peux pas...
LE DUC. Vous hésitez?...
BELLEROSE, aux soldats. Allons, amis! (Au Duc.) Ils ont entendu!
GRIPPART. Voilà que j'ai peur. *Il tremble.*
LE DUC. Monsieur de Nancrais, vous avez le commandement.
DE NANCRAIS. Je briserais plutôt mon épée.
LA DÉROUTE. Bien!

Les officiers s'éloignent du Duc et vont serrer la main de Nancrais.

LE DUC. Sergent La Déroute, à vous de commander le feu.
LA DÉROUTE. Moi!...(Il désigne le Duc.) Lui; à la bonne heure!
GRIPPART. Sergent!... voilà une idée.
BELLEROSE, qui a compris l'intention de La Déroute. La Déroute, mon ami, fais cela pour moi, je t'en prie, et puis, c'est ton devoir... il faut obéir...
LA DÉROUTE. Soldats! portez armes!

Exécution du mouvement.

BELLEROSE, à part. Attends. Ma dernière pensée à elle. (Se redressant et souriant.) Canonniers, apprêtez armes!... (Il se fait un grand silence.) En joue!

Un mouvement se produit dans la foule.

DE NANCRAIS. Un moment!

La foule s'ouvre. — La duchesse de Châteaufort paraît à droite et agite un papier qu'elle tient à la main.

## SCÈNE IV

LES MÊMES, LA DUCHESSE, puis SUZANNE.

LA DUCHESSE. Arrêtez!... arrêtez!... Ordre du maréchal!... sursis de l'exécution.
LA DÉROUTE. Ordre!... (Avec triomphe.) Ah! ah!
GRIPPART. Sergent, j'avais une idée... à cause des trois phénomènes.
LE DUC. L'arrêt d'un conseil de guerre est souverain et ne peut être cassé que par le roi... Arrière, madame! soldats ..

*Bruit au dehors.*

DE NANCRAIS, qui a regardé. Arrêtez! arrêtez!
LE DUC. Que faites-vous?...
DE NANCRAIS. Je vous épargne un assassinat!
SUZANNE, entrant par la gauche. Ordre du roi!... Grâce!

*Elle s'élance vers Bellerose.*

GRIPPART. Vive Bellerose!

Grand mouvement dans la foule qui demeure ensuite immobile. — Les clairons sonnent et les tambours battent aux champs. — Les soldats présentent les armes. — Entrée du roi suivi des princes. — Le maréchal et son état-major le reçoivent tête nue. — Paraissent les mousquetaires, les pages, le roi, le maréchal de Luxembourg, seigneurs et officiers.

## SCÈNE V

LES MÊMES, LOUIS XIV, LES PRINCES.

LE MARÉCHAL. Sire, voici le soldat qui a sauvé Charleroi.
LOUIS. Approchez, capitaine Grinedal.
BELLEROSE, éperdu. Capitaine!.. Moi!
LE DUC, avec rage. Lui, capitaine!
BOULETORD. Ça fait que sa hallebarde de sergent est libre!
GRIPPART. Et c'est toi qui l'auras. Tu l'as bien gagnée. Je te rends mon estime.
LA DÉROUTE. Estime!
LOUIS, à Bellerose. En vous, monsieur, le roi récompense toute l'armée. (A la duchesse.) Madame... il est fait droit à la demande que vous m'avez adressée... Vous entrez au couvent de Sainte-Claire en qualité de supérieure. (Au Duc.) Désormais elle appartient à Dieu seul.
LE DUC, au roi. Sire, où puis-je aller me faire tuer pour le service de votre Majesté?
LE ROI. Monsieur le duc, vivez pour ma gloire, pour la vôtre... et pour le pardon.
LE DUC. Le pardon!
LE ROI. Dieu vous l'ordonne!.. Votre roi vous en prie!
LA DUCHESSE, à Suzanne et à Bellerose. Je vous confie Gaston... parlez-lui de sa mère.
BELLEROSE. Il en aura deux... Vous et elle.

*Il montre Suzanne.*

TOUS. Vive le roi!

FIN

CHATILLON-SUR-SEINE. — IMPRIMERIE E. CORNILLAC.

www.ingramcontent.com/pod-product-compliance
Ingram Content Group UK Ltd.
Pitfield, Milton Keynes, MK11 3LW, UK
UKHW022149260726
13993UKWH00005B/2263

9 782019 995782